AF249525

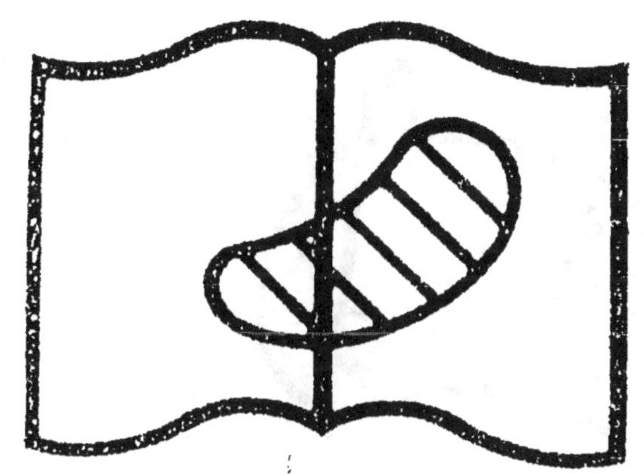

Illisibilité partielle

Valable pour tout ou partie
du document reproduit

Original en couleur

NF Z 43-120-8

Inventaire sommaire

des

Tables générales des Périodiques historiques

historiques

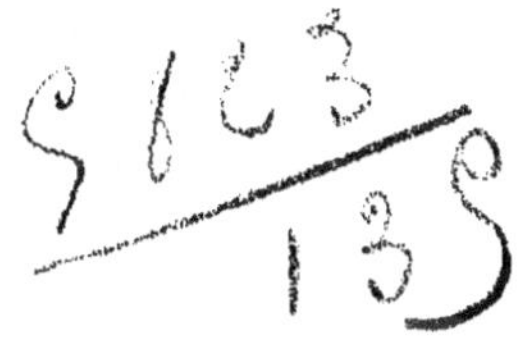

en langue française

par

Henri Stein.

8°Z
9645

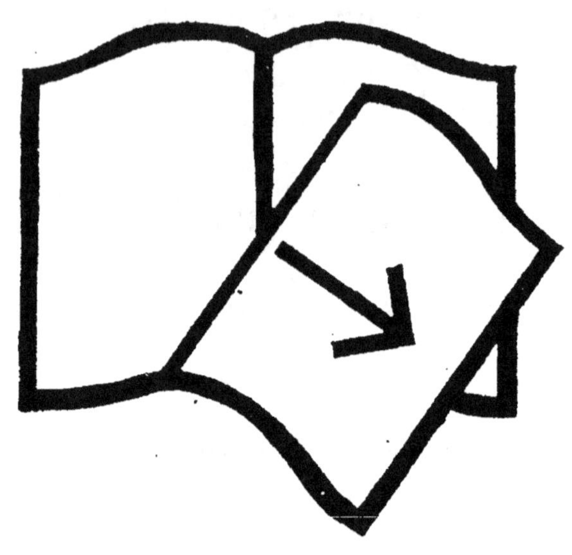

Couverture inférieure manquante

Inventaire sommaire

des

Tables générales des Périodiques historiques

en langue française

par

Henri Stein

Extrait du „Centralblatt für Bibliothekswesen" 1888 fascicule 4. 5.

Leipzig

Otto Harrassowitz

1888

Inventaire sommaire des Tables générales des Périodiques historiques en langue française.

Le nombre des revues & périodiques s'est tellement accru depuis trente ou quarante ans qu'il n'est plus possible aujourd 'hui d'y rechercher un texte, un travail ou une gravure quelconque sans recourir à la table générale qui épargne beaucoup de peine et beaucoup de temps.

Malheureusement beaucoup de périodiques, de très importants même, sont privés de cet indispensable instrument de travail. Et même si cet instrument existe, combien peu de gens en connaissent l'existence et savent l'utiliser à propos!

Maintes fois déjà, j'ai été surpris de voir que ces répertoires si pratiques ne fussent pas entre les mains des travailleurs et des érudits; et c'est pour y rémédier que j'ai tenté d'imprimer le présent inventaire. Ce premier essai ne comprend que les tables des périodiques historiques en langue française, réservant les périodiques nonhistoriques pour une seconde publication, si l'on veut bien m'encourager dans cette voie. Ensuite, s'il y a lieu, j'agirai de même pour les périodiques en langue allemande[1]), anglaise, italienne, etc. . . . . . .

J'ai compris comme "périodiques historiques" tous ceux qui traitent de l'histoire ou des sciences qui s'y rattachent, comme l'archéologie, l'art, la numismatique, la philologie et l'histoire du droit; et naturellement j'ai mentionné les périodiques qui traitent de tous les genres de science, et d'histoire accessoirement, comme la Nouvelle Revue ou la Revue de Belgique.

Les pays de langue française fournissant aussi des périodiques de langue française, on ne s'étonnera pas de trouver, en appendice, des revues appartenant à des régions voisines de la France. Ces répertoires étant à peu près inconnus hors des pays où ils ont paru, il a paru bon de ne pas les négliger.

Je n'ai pas besoin d'ajouter que ces divers répertoires, au nombre de 170, qui vont être indiqués, sont d'une valeur très inégale:

---

1) Pour l'Allemagne, on se reportera avec fruit à l'ouvrage du Dr. Joh. Müller: Die Wissenschaftlichen Vereine und Gesellschaften Deutschlands, Bibliographie ihrer Veröffentlichungen, Berlin, Asher, 1883—1887; in 4º, XXI, 878 pp. — Ce recueil très consciencieux est assez pratique et muni d'un bon index.

j'ai pris soin, autant que possible, de faire connaître leur utilité relative par une note explicative.

En terminant, je crois devoir inviter les Sociétés Savantes et Directeurs de Revues à faire rédiger des tables pour les parties non encore répertoriées de leurs collections; par ce moyen ils auront sauvé de l'oubli beaucoup de bons travaux et auront satisfait aux légitimes désirs des érudits et des bibliographes.

FRANCE.

1. **Bibliographie des travaux historiques et archéologiques publiés par les Sociétés Savantes de la France**, dressée sous les auspices du Ministère de l'Instruction Publique, par MM. Rob. de Lasteyrie & Eug. Lefèvre-Pontalis. Paris, Impr. Nationale, 1885—1887. 3 livraisons ont paru (in-4⁰. de XI, 552 pp. à 2 col.) sur 4 qui doivent former le tome I de cette importante publication.

    On comprend le but que les auteurs se sont proposé: faire connaître par une simple nomenclature, exempte de toute appréciation, les travaux contenus dans les recueils des Sociétés Savantes de la France, depuis la fondation de chacune d'elles jusqu' à l'époque actuelle. Il a fallu se livrer à des dépouillements considérables de volumes parfois difficiles à rencontrer. Les livraisons I à III parues comprennent les Sociétés rangées d'après l'ordre des départements où elles ont leur siège social, depuis l'Ain jusqu' au Gard inclusivement. Actuellement les recherches y sont difficiles, et ne pourront être commodes que le jour où, la publication entièrement terminée (peut-être dans dix ans), une table générale des matières et des noms renverra le lecteur au document qui l'intéresse.

    Mais qu' on y prenne garde aussi, ce travail n' englobe que les recueils de Paris ou de province publiés sous le patronage d'une Société Savante; il laisse donc de côté toutes les publications périodiques qui émanent de l'initiative des particuliers et ne relèvent en aucune façon du Ministère: ces publications sont nombreuses en France. Dans le présent travail au contraire, elles n'ont pas été négligées.

2. **Académie Celtique.** ═ Mémoires de l'Académie celtique, ou Mémoires d'antiquités celtiques, gauloises et françaises; table des articles contenus dans les quinze premiers cahiers, formant les cinq premiers volumes des Mémoires de l'Académie celtique. [Paris], s. l. n. d. [1810]; in-8⁰. de 15 pp.

    Cette brochure contient l'indication des articles par cahiers, puis celle des gravures. — L'Académie Celtique a été l'origine de la Société des Antiquaires de France.

3. **Académie d'Arras.** ═ Table des matières des Mémoires de l'Académie d'Arras, et autres documents. Arras, A. Courtin, 1854; in-8⁰ de 202 pp.

    Cette table comprend les publications des années 1817 à 1853.

4. **Académie de Caen.** ═ Table chronologique, méthodique et alphabétique des travaux insérés dans les Mémoires de l'Académie des sciences, arts et belles-lettres de Caen, depuis sa fondation

(1754) jusqu' à 1883 inclus, par Arm. Gasté.   Caen, libr. Le Blanc-Hardel, 1884; in 8⁰. de 151 pp.

5. **Académie de Reims.** ═ Table des travaux de l'Académie de Reims, depuis sa fondation (1841—1882); répertoire alphabétique et analytique des documents inédits, annales, séances et travaux, avec renseignements bibliographiques sur l'ensemble des publications, par Henri Jadart, secrétaire-archiviste de la Société.   Reims, à l'impr. de l'Académie, 1883; in-8⁰. de 186 pp.

Contient: 1⁰) Renseignements bibliographiques; 2⁰) Table alphabétique des noms d'auteurs; 3⁰) Table analytique; 4⁰) Table des concours; 5⁰) Explication des planches.
Bon et consciencieux travail.

6. **Académie des Inscriptions et Belles-Lettres.** ═ Tableau général, raisonné et méthodique des ouvrages contenus dans le recueil des Mémoires de l'Académie royale des Inscriptions et Belles-Lettres depuis l'origine (1663) jusqu' en 1788 inclus, servant de supplément aux tables de ce recueil, et nécessaire pour compléter la collection de l'Académie, par M. D . . . . ., académicien honoraire.   A Paris, impr. Pierre Didot l'ainé, 1791; in-4⁰. de XVI, 416 pp.

Cet index est très utile, mais ne remplace pas complètement les quatre tables publiées successivement dans les Mémoires de l'Académie: Tome XI, pour les 10 premiers volumes (Paris, impr. Royale, 1740), in-4⁰. de 776 pp. à 2 col.; — Tome XXII, pour les volumes 12 à 21 (Paris, impr. Royale, 1756), in-4⁰. de 508 pp. à 2 col.; — Tome XXXIII, pour les volumes 23 à 32 (Paris, impr. Royale, 1770), in-4⁰. de 678 pp. à 2 col.; — Tome XLIV, pour les volumes 34 à 43 (Paris, de l'Impr. Nat¹ᵉ exécutive du Louvre, 1793), in-4⁰. de 669 pp. à 2 colonnes.

—. ═ Table des matières contenues dans les dix premiers volumes de l'Histoire et des Mémoires de l'Institut Royal de France, Académie des Inscriptions & Belles-Lettres.   Tome XI (1839), in-4⁰. de 410 pp. à 2 colonnes.

—. ═ Table générale et méthodique des Mémoires contenus dans les recueils de l'Académie des Inscriptions et Belles-Lettres et de l'Académie des Sciences morales et politiques, par Eug. de Rozière & Eug. Châtel.   Paris, Aug. Durand, 1856; in-4⁰. de 383 pp.

Contient le catalogue méthodique des 88 volumes publiés de 1717 à 1850.

—. ═ Table alphabétique des matières renfermées dans les quatorze premiers volumes des Notices et extraits des manuscrits de la Bibliothèque impériale et autres bibliothèques publiés par l'Institut impérial de France, Académie des Inscriptions et Belles-Lettres.   Tome XV (1861); Paris, imprimerie Impériale; in-4⁰. de 464 pp. à 2 colonnes.

Ce volume ne contient que la table de la partie dite occidentale.   Pour la partie orientale on a une autre table publiée en 1870 (IV, 428 pp. à 2 colonnes) dans la même collection par Gust. Dugat, et suivie d'un index gé-

4

néral des mots arabes, persans, turcs, berbers, chinois, arméniens, mongols, etc. . . . ., expliqués dans la partie orientale des quatorze premiers volumes des Notices et extraits des manuscrits (in-4⁰. de 85 pp. à 2 colonnes).

7. **Académie des sciences, arts et belles-lettres de Dijon.** = Table générale et méthodique des travaux contenus dans les Mémoires de l'Académie de Dijon, depuis l'origine (1769), jusqu' en 1869 inclus, par A. Milsand, et publiée dans le tome XVI de la 2e série des Mémoires (1870), pp. 61—180. Dijon, Lamarche, 1871, in-8⁰.

8. **Académie des sciences, arts et belles-lettres de Lyon.** = Table des matières contenues dans les mémoires publiés par l'Académie des sciences, arts et belles-lettres de Lyon (1845—1881), par le Dr. Saint-Lager, bibliothécaire. Lyon, impr. Th. Giraud, 1882; gr. in-8⁰. de 74 pp.

Cette table répond à une collection de 45 volumes.

9. **Académie des sciences, belles-lettres et arts de Besançon.** = Tables générales analytiques et chronologiques des travaux de l'Académie de Besançon, depuis l'origine (1754), jusqu' en 1886 inclusivement.

Ce travail est préparé par Jules Gauthier, archiviste du Doubs, et paraîtra très prochainement.

10. **Académie des sciences, belles-lettres et arts de Bordeaux.** = Table historique et méthodique des travaux et publications de l'Académie de Bordeaux (depuis 1712 jusqu' en 1875), par Jules de Gères, membre résidant. Bordeaux, impr. G. Gounouilhou, 1879; in-8⁰. de 386 pp.

Cette table est incommode à consulter, et le volume est rempli d'inutilités. Sur le verso du faux titre on lit: Cette table, entièrement refondue et reconstruite sur un plan nouveau, réunit et complète autant que possible, les autres tables parues jusqu' à ce jour; (notamment celle que contient le volume des publications de 1860, pp. 259—334, rédigée par le même M. de Gères).

11. **Académie des sciences, belles-lettres et arts de la Savoie** = Table des matières contenues dans les douze premiers volumes des Mémoires de l'Académie de Savoie, publiée à la fin du tome XII des Mémoires, pp. 418—437. Chambéry, Bottero, 1872, in-8⁰.

C'est une simple liste des auteurs.

12. **Académie des sciences, des lettres et des arts d'Amiens.** = Table analytique des matières contenues dans la 1re et la 2me série des Mémoires de l'Académie d'Amiens, dressée par Jos. Garnier, et publiée dans le tome X de la 2me série (1873), pp. 506—576. Amiens, Yvert, in-8⁰.

Contient: 1⁰) Table par ordre de matières; 2⁰) Table par noms d'auteurs. — Comprend les volumes de 1833 à 1873.

—. = Table des matières des dix volumes de la 3me série des Mémoires, par Jos. Garnier, publiée dans le tome X de la 3me série (1883), pp. 449—468. Amiens, Yvert, 1884, in-8⁰.

13. **Académie des sciences, inscriptions et belles-lettres de Toulouse.** = Table alphabétique des matières contenues dans les seize premiers tomes des Mémoires de l'Académie impériale des Sciences, Inscriptions et Belles-Lettres de Toulouse, suivie de la table générale des auteurs. Toulouse, Douladoure, 1854. In-8⁰. de 83 pp. à 2 col.

Cette table comprend les années 1782 à 1850.

—. = Table alphabétique des matières contenues dans les douze derniers tomes (IVᵉ et Vᵉ série) des Mémoires de l'Académie Impériale des Sciences, Inscriptions et Belles-Lettres de Toulouse, suivie de la table générale des auteurs (suite de la table publiée en 1854). Toulouse, Douladoure, 1864. In-8⁰. de 66 pp. à 2 col.

—. = Table alphabétique des matières contenues dans les six derniers tomes (VIᵉ série) des Mémoires de l'Académie Impériale des Sciences, Inscriptions et Belles-Lettres de Toulouse, suivie de la table générale des auteurs. Toulouse, Douladoure, 1870. In-8⁰. de 46 pp. à 2 col.

—. = Table alphabétique des matières contenues dans les six derniers tomes (VIIᵉ série) des Mémoires de l'Académie des Sciences, Inscriptions et Belles-Lettres de Toulouse, suivie de la table générale des auteurs. Toulouse, Douladoure, 1880. In-8⁰. de 48 pp. à 2 col.

14. **Académie des sciences, lettres et arts de Marseille.** — Il y a un index général des publications de la Société dans l'ouvrage intitulé: L'Académie de Marseille, ses origines, ses publications, ses archives, ses membres, par M. l'abbé Dassy (Marseille, 1877, in-8⁰. de 639 pp.). Elle comprend tous les volumes parus depuis l'origine (1727) jusqu' en 1877.

15. **Académie des Sciences morales et politiques.** = Table générale alphabétique et chronologique des séances et travaux de l'Académie des sciences morales et politiques, par noms d'auteurs et par ordre de matières, comprenant les 100 volumes publiés de 1842 à 1873. Paris, libr. Picard et Guillaumin, 1875; in-8⁰. de 52 pp. à 2 colonnes.

Travail trop abrégé pour être d'une véritable utilité, et contenant quelques erreurs. Cf. aussi le n⁰ 6 (1856). — On prépare une nouvelle table jusqu' en 1886.

16. **Académie de Stanislas.** = Tables alphabétiques des matières et des noms d'auteurs contenus dans les trois premières séries des Mémoires de l'Académie de Stanislas (1750—1866), par M. Simonin père. Nancy, impr. Sordoillet, 1870; in-8⁰. de 300 pp.

Le faux titre porte la date de 1867. — D'un bout à l'autre règne une grande confusion, qui ne fait pas de cette publication l'idéal du genre.

17. **Académie du Gard.** = Statistique des travaux de l'Académie du Gard, depuis l'origine (1804) à 1860 inclus, publiée dans le volume des Mémoires de (1863—64), 143 pp. Nîmes, 1865, in-8⁰.

Cette table comprend: 1°) Les travaux d'après l'ordre alphabétique et chronologique; — 2°) La récapitulation numérique des années; — 3°) L'état synoptique des travailleurs, la nature et le nombre de leurs travaux. — Elle est très incommode à cause de la division en quatre parties; les travaux de 1804 à 1822; ceux de 1832 à 1850; ceux de 1851 à 1860 forment chacun des statistiques séparées.

—. = Table décennale des travaux de l'Académie du Gard de 1871 à 1880, d'après l'ordre alphabétique et chronologique, publiée danc le tome VIII (8e série) des Mémoires de l'Académie, pp. 449—463. Nîmes, F. Chastanier, 1886. In-8⁰.

Cette table est classée par ordre de matières seulement.

18. **Almanach de Seine et Marne et du diocèse de Meaux.** = Table des matières contenues dans la partie historique et littéraire de l'Almanach de Seine et Marne, suivie de la liste des rédacteurs, des dessinateurs et des graveurs, pendant les dix premières années (1861—1870). Meaux, A. Le Blondel, in-12; (so trouve à la fin de l'Almanach de 1875, tome XV, pp. 155—160).

Cette table, classée alphabétiquement, s'arrête à la lettre *M*. Elle devait être continuée dans le volume de 1876, mais la suite n'a jamais paru.

19. **Amateur d'autographes.** = Table générale des lettres et documents contenus dans l'Amateur d'autographes (1re série, 1862—1874), rédigée par M. Maurice Tourneux. Paris, J. Charavay, 1877; in-8⁰. de 31 pp. à 2 colonnes.

L'ensemble des documents publiés dans ces 12 volumes est innombrable; un guide était indispensable, et nul n'était plus apte à l'établir que M. Tourneux.

19bis. **Analecta Juris Pontificii.** = Il paraît depuis environ deux ans, par fascicules de 2 feuilles, une Table des matières des vingt-trois premières séries des Analecta Juris Pontificii, en deux parties, l'une des matières, l'autre des auteurs. Terminée, elle formera un vol. de 500 pp. à 2 col. Langres, impr. Rallet-Bideault, in-4⁰.

20. **Annales Archéologiques.** = Table analytique et méthodique des matières contenues dans les Annales Archéologiques, fondées par Didron aîné; tome XXVIIIe, rédigé par Mgr. X. Barbier de Montault, prélat de la maison du Pape. Paris, libr. Didron, 1881; in-4⁰. de 543 pp. à 2 colonnes.

Contient: 1°) Table des collaborateurs, texte et dessins; 2°) Table onomastique; 3°) Table bibliographique, ouvrages français et ouvrages étrangers; 4°) Table géographique; 5°) Table des matières.

Cette table est le complément naturel et indispensable de la belle collection des Annales Archéologiques, malheureusement interrompue, et qui comprend 27 volumes. Sa rédaction ne laisse d'ailleurs rien à désirer, et le volume peut être considéré comme un modèle. Il se vend séparément.

21. **Annuaire de l'Aube.** = Etude sur les almanachs et les calendriers de Troyes (1497—1881), par Emile Socard, conservateur de la bibliothèque de Troyes. Troyes, impr. Dufour-Bou-

quot, 1882; in-8⁰. de 163 pp. (Extrait des Mém. de la Soc. Acad. de l'Aube, t. XLV; 1881).

Cette étude mentionne bien exactement toutes les séries de calendriers et d'annuaires publiés à Troyes, mais elle ne donne que fort peu d'indications sur leur contenu. Nous l'indiquons ici pour mémoire.

22. **Annuaire du Calvados.** = Annuaires et almanachs des départements de la Manche et du Calvados, par M. Julien Travers. [Annuaire des cinq départements de l'Ancienne Normandie, publié par l'Association Normande de 1844, pp. 497—560. Caen, Hardel, 1843.]

Ce travail n'est point à proprement parler une table; mais il peut être utile à consulter et éviter de recourir à la collection entière de ces almanachs (jusqu' à 1843 bien entendu).

23. **Annuaire de la Corrèze.** = Table des Variétés historiques contenues dans les almanachs, calendriers et annuaires bas-limousins et corréziens, dressée par Jehan des Horts (pseud.), et publiée dans l'annuaire de la Corrèze de 1881 (Tulle, impr. Crauffon), in-12⁰. de 34 pp.

La collection analysée commence à 1712, et finit à 1881. Il faut y joindre un supplément publié depuis par M. René Fage, sous le titre de: Note complémentaire sur les almanachs, calendriers et annuaires bas-limousins et corréziens (Annuaire de 1882, pp. 323—331).

24. **Annuaire du Doubs.** = Table des matières et documents contenus dans l'Annuaire du Doubs, depuis l'origine jusqu' en 1887.

Cette table est en voie de préparation. Elle sera publiée par Jules Gauthier, archiviste du département du Doubs.

25. **Annuaire d'Eure et Loir.** — Liste des variétés historiques contenues dans l'Annuaire administratif du département d'Eure et Loir.

Le dit annuaire a publié des variétés et des travaux historiques pendant les années 1865 à 1876; il n' en existe pas de table, mais une simple liste, que l'on imprime chaque année sur la couverture de l'Annuaire (Voir par ex. ceux de 1882 et 1883).

26. **Annuaire du Gers.** = Bibliographie de l'Annuaire du Gers, avec l'indication paginale des divers documents administratifs et des travaux littéraires, historiques et scientifiques publiés depuis l'an XI (1802) jusqu' en 1878, publiée dans l'Annuaire du Gers, année 1878, pp. 5—8. Auch, Cocharaux, in-12⁰.

27. **Annuaire de la Haute-Marne.** = Recherches sur les périodiques de la Haute-Marne (almanachs, annuaires, etc. . . .) par J. Carnandet et F. A. Hesse. Paris, Aug. Aubry, 1861; in-8⁰. de 58 pp. (tiré à 70 exempl.)

Très consciencieux travail, qui peut servir de table pour toutes les publications périodiques de la Haute-Marne jusqu' en 1860. On pourra même y trouver d'utiles renseignements sur les travaux de la Société historique et archéologique de Langres, fondée dans cette ville en 1847. Cf. La Haute-Marne ancienne et moderne, dictionnaire, etc., par Em. Jolibois, archiviste. (Chaumont, 1858, pp. 22—23; au mot Annuaire).

8

28. **Annuaire de· l'Hérault.** == Relevé des documents, études et notices publiés dans les cinquante cinq premiers volumes de la collection de l'Annuaire de l'Hérault (de 1818 à 1872), publié dans le volume de la 55e année de l'Annuaire administratif historique, statistique et commercial pour l'année 1872, pp. 326—328. Montpellier, Coulet, 1872, in-8⁰.

29. **Annuaire du Jura.** == Table méthodique de l'Annuaire du Jura (1798—1876), publiée dans l'Annuaire pour 1877 (Lons-le-Saulnier, V. Damelet, 1877), pp. 17—95, in-12.

Des divisions multiples permettent de retrouver facilement les articles historiques en assez grand nombre qui sont insérés dans cette publication.

30. **Annuaire du Loiret.** == A consulter: Recherches historiques et littéraires sur les almanachs orléanais, par M. de la Place de Montévray. Orléans, 1836. In-8⁰. de 32 pp.

Extr. des „Annales de la Société royale des Sciences, Belles-Lettres et Arts d'Orléans, tome XIV." — On y trouve l'indication des principaux articles publiés dans les Etrennes, Calendriers, et autres annuaires d'Orléans.

31. **Annuaire du Lot.** == Catalogue général des matières scientifiques, historiques et littéraires, contenues dans cinquante volumes de l'Annuaire du Lot, de 1828 à 1880, dressé par J. Malinowski; publié dans l'Annuaire du Lot de 1880, et tiré à part. Cahors, impr. Laytou, 1879; in-8⁰. de 24 pp.

Cet index d'une grande simplicité est un modèle du genre.

32. **Annuaire de la Manche.** == Voyez: Annuaire du Calvados (No. 22).

33. **Annuaire de l'Orne.** — Notice sur les annuaires du département de l'Orne, par Léon de la Sicotière, inspecteur divisionnaire de l'Association normande; publiée dans l'Annuaire de l'Association normande (1844), pp. 479—496.

Cette revue, qui commence à l'almanach de Séez pour 1766, donne des indications sommaires qui sont bonnes à consulter.

34. **Annuaire de la Sarthe.** == Revue de l'Annuaire de la Sarthe et recherches sur ses origines, par M. Anjubault; publiée dans l'Annuaire de la Sarthe de 1861, et tirée à part in-16⁰. de 35 pp.

La publication annuelle du dit Annuaire remonte à 1716, et s'effectue depuis 1799 sans interruption. Il faut joindre à cette revue un Deuxième supplément à la revue de l'Annuaire de la Sarthe publiée par le même auteur quelques mois après (février 1861), avec la même pagination que précédemment. Le tout forme donc une petite brochure de 44 pp. (Le Mans, impr. Monnoyer).

35. **Annuaire de la Savoie.** == S'il n'existe pas de table méthodique pour la série des Annuaires de la Savoie, on pourra consulter les indications contenues dans la brochure suivante: Bibliographie savoisienne; les almanachs, par François Rabut (Chambéry, A. Bottero, 1867; in-8⁰. de 46 pp., extr. des Mémoires de l'Académie de Savoie).

36. **Annuaire de Seine et Oise.** == Tables générales des annuaires de Seine et Oise, depuis l'origine (1801) jusqu' en 1883 inclus; dressées par Léon Thomas, et publiées dans l'Annuaire de Seine et Oise, année 1883, pp. 519—532.

Très bonne et très utile nomenclature.

37. **Annuaire de l'Yonne.** == Tables analytiques des matières contenues dans la 1re série de l'Annuaire historique du département de l'Yonne (1837—1860). Tome XXV, publié par H. Monceaux. Auxerre, Perriquet et Rouillé, 1862; in-8°. de XIV, 259 pp.

Contient: 1°) Table des articles par ordre de matières; 2°) Liste alphabétique des auteurs; 3°) Table analytique des matières des 24 premiers volumes.

38. **Archives de l'Art français.** == Table des noms de personnes et de lieux contenus dans la première série des Archives de l'Art français, par M. A. de Montaiglon, suivie de la Table chronologique des pièces contenues dans les cinq premiers volumes des Documents (1851—1858), par M. H. L. B.; publiée à la suite du tome VI des Archives, pp. 415—540 à 2 col. pour la première, et pp. 1—29 pour la seconde (extraite du Bulletin de la Soc. de l'Histoire de France, année 1859); et d'une Table chronologique des pièces contenues dans le sixième volume des Documents (1858—1860), pour faire suite à la précédente, et avec la pagination de 31—36 pp.

La table des Nouvelles Archives de l'Art Français a été confiée à M. Henri Stein, et paraîtra en 1888. Elle comprendra les neuf volumes parus sous ce titre, plus les deux volumes de la 2e série des anciennes Archives (la nomenclature publiée par M. Tripier Le Franc et tirée à très peu d'exemplaires ne pouvant pas servir et compter comme une table).

39. **Archives historiques du département de la Gironde.** == Tome XX; Table chronologique des documents et table alphabétique des noms de lieux et de personnes des 19 premiers volumes (1859—1879), par Jules Lépicier. Bordeaux, impr. G. Gounouilhou, 1880; in-4°. de VIII, 884 pp. à 2 colonnes.

Contient: 1°) Table chronologique des documents; 2°) Table alphabétique des noms de lieux et de personnes.

Déjà, dans le tome XI de cette même publication, (Bordeaux, impr. Gounouilhou), daté de 1869 mais paru seulement en 1873, in-4°. de X, 201 pp., on peut trouver une table du même genre et répondant aux mêmes besoins. Elle était suivie d'un très utile Glossaire des mots des divers dialectes gascons, béarnais, bordelais, employés dans les dix premiers volumes publiés par la Société (Bordeaux, 1873, in-4° de VI, 119 pp. à 2 colonnes).

40. **Archives historiques du Poitou.** == Table générale des dix premiers volumes des Archives historiques du Poitou (1872—1881); publiée à la fin du tome X, pp. 425—440. Poitiers, impr. H. Oudin, in-8°.

Cet index comprend la table analytique des lettres des rois de France et autres grands personnages à la commune de Poitiers; vol. I—IV (1453—1569); mais il est recommandé de se référer en outre à la table analytique

10

de chaque volume. C'est là une lacune que cette utile Société devrait se
hâter de combler.

41. **Archives Historiques de la Saintonge et de l'Aunis.** =
Table chronologique des documents publiés dans les cinq premiers
volumes des Archives historiques de la Saintonge et de l'Aunis.
(1874—1878), par M. H. de Tilly. Saintes, Z. Mortreuil, 1878;
in-8⁰. pp. 385—425.

Cette table est comprise dans le Vᵉ volume de la publication, et contient: 1⁰) Liste des documents par ordre chronologique; 2⁰) Liste des collaborateurs.

42. **Artiste.** = Table des matières contenues dans les quinze premiers volumes de l'Artiste (1831—1838), publiée à la fin du tome
XV de cette revue (Paris, s. d.), sous forme de Table des matières,
pp. 189—289, et de Table des auteurs, pp. 291—348.

Dequis cette époque, l'Artiste dont la publication n' a pas cessé, n' a
point de table générale, mais seulement une notice à la fin de chaque tome:
ce qui est tout-à-fait insuffisant.

43. **Association normande.** = L'Association normande publie
depuis sa fondation un Annuaire dont la collection comprenait,
au 1ᵉʳ janvier 1885, 50 volumes. On en trouvera la nomenclature
dans la Bibliographie des travaux historiques et archéologiques
publiés par les Sociétés Savantes de la France (1ᵉ livraison, 1885)ᶜ
pp. 145—164.

44. **Bibliothèque de l'Ecole des Chartes.** = Table des matières
des dix premiers volumes, ou des deux premières séries, de la
Bibliothèque de l'Ecole des Chartes (1839—1849). Paris, J. B.
Dumoulin, 1849; in-8⁰. de 94 pp. à 2 colonnes.

L'index commence par une liste chronologique des documents publiés,
au nombre de 500 environ.

—. = Table des matières des dix volumes comprenant les séries 3
et 4 de la Bibliothèque de l'Ecole des Chartes (1849—1859).
Paris, A. L. Herold, 1862; in-8⁰. de 108 pp. à 2 colonnes.

Contient: 1⁰) Table alphabétique des matières des dix volumes des
séries 3 et 4; 2⁰) Table méthodique des articles insérés dans les vingt premiers volumes; 3⁰) Liste chronologique des documents publiés dans les
mêmes vingt volumes.

—. = Table des matières des dix volumes comprenant les séries 5
et 6 de la Bibliothèque de l'Ecole des Chartes (1859—1869),
par René de Lespinasse. Paris, A. Picard, 1870; in-8⁰. de 94 pp.
à 2 colonnes.

Contient: 1⁰) Table alphabétique des matières des dix volumes des
séries 5 et 6; 2⁰) Table méthodique des articles insérés dans les trente premiers volumes; 3⁰) Liste chronologique des documents publiés dans les dits
trente premiers volumes; 4⁰) Table des planches contenues dans ces trente
premiers volumes.

—. = Table des tomes XXXI à XL de la Bibliothèque de l'Ecole
des Chartes (1870—1879), suivie de quatre tables générales som-

maires des tomes I à XL: 1º) Table alphabétique des articles par noms d'auteurs; 2º) Table méthodique des articles; 3º) Table chronologique des documents; 4º) Table des fac-similés, dessins et plans, par M. Eugène Lelong. Paris, Alph. Picard, 1888. In-8º. de III, 232 pp.

Bon et définitif travail.

45. **Bulletin d'Archéologie Chrétienne.** === L'édition française du Bulletin d'Archéologie Chrétienne, publiée successivement par les soins de M. l'abbé Martigny et de M. l'abbé Duchesne, ne paraît plus depuis 1883. Il n'en existe pas de table.

A défaut de mieux, on pourra toujours avoir recours aux index publiés pour l'édition italienne du même recueil, bien que les renvois diffèrent. Nous nous reprocherions de ne pas cataloguer ici:

—. === Indici generali della prima serie del Bullettino di Archeologia cristiana del cav. Giov. Batt. de Rossi. Anni sette dal 1863 al 1869. Roma, coi tipi del Salviucci, 1870; in-4º de IV, 70 pp. à 2 colonnes.

Contient: 1º) Indice delle materie; 2º) Indice greco; 3º) Indici epigrafici, greco e latino.

—. === Indici generali per gli anni 1870—1875 della seconda serie del Bullettino di Archeologia cristiana, compilati dall' autore comm. Giov. Batt. de Rossi. Roma, coi tipi del Salviucci, 1876; in-8º. de IV, 74 pp. à 2 colonnes.

Contient: 1º) Indice delle materie; 2º) Indice greco; 3º) Indici epigrafici, etrusco, greco e latino.

—. === Indici generali per gli anni 1876—1881 della seconda serie del Bullettino di Archeologia cristiana, compilati dall' autore comm. Giov. Batt. de Rossi. Roma, coi tipi del Salviucci, 1882; gr. in-8º. de IV, 72 pp. à 2 colonnes.

Mêmes divisions que ci-dessus

46. **Bulletin de législation comparée.** === Table du bulletin de la Société de législation comparée (1869—1880), par M. Paul Reibaud, rédacteur au Ministère de la Justice, avec le concours de M. Georges Picot. Paris, Cotillon, décembre 1882; in-8º. de 144 pp. à 2 col.

47. **Bulletin du Bibliophile.** === Il existe dans quelques exemplaires seulement une table-prospectus par ordre chronologique pour les années 1834 à 1856. Elle ne peut rendre aucun service, et ce Bulletin qui paraît toujours aurait grand besoin d'un index général pour faciliter les recherches.

48. **Bulletin Monumental.** === Table générale et raisonnée des matières contenues dans les dix volumes formant la 1re série du Bulletin Monumental, publié par la Société française pour la Conservation des monuments (1835—1844), par l'abbé Auber, membre du conseil de la Société. Poitiers, impr. H. Oudin, 1846; in-8º. de X, 304 pp.

12

Index fait d'un seul jet, et vraiment bon. Les autres qui suivent ne démentent pas cette assertion.

—. = Table générale, analytique et raisonnée des matières contenues dans les dix volumes formant la 2me série du Bulletin Monumental (1845—1854), par le même. Poitiers, impr. A. Dupré, 1861; in-8⁰. de XIV, 586 pp.

—. = Table générale analytique et raisonnée des matières contenues dans les dix volumes formant la troisième série du Bulletin Monumental (1855—1864), par M. Renault. Caen, Le Blanc-Hardel, 1868. In-8⁰. de VI, 735 pp.

—. = Table générale analytique et raisonnée des matières contenues dans les huit derniers volumes de la quatrième séric (1865—1872) du Bulletin Monumental, par M. Renault. Caen, Le Blanc-Hardel, 1873. In-8⁰. de VII, 808 pp.

La table de la série suivante est préparée par M. J. Berthelé.

49. Cabinet Historique. = Table méthodique des matières contenues dans les six premiers volumes du Cabinet Historique depuis sa création en 1854 jusqu' au 31 décembre 1860, par Louis Paris, publiée à la fin du tome VI (1860) du Cabinet Historique, première partie (Documents), pp. 325—355, et deuxième partie (Catalogues), pp. 263—290.

Cette table a été refondue dans la suivante:
Table alphabétique des matières contenues dans les treize premiers volumes du Cabinet Historique, depuis sa création en 1854 jusqu' au 31 décembre 1867 par Louis Paris; publiée en deux parties: Documents, à la fin du tome XIII (1867) des Documents, pp. 249—296; et Catalogue, à la fin du tome XIII (1867) du Catalogue, pp. 145—204.

50. Comité archéologique de Senlis. = Table des Compte-rendus et Mémoires du Comité archéologique de Senlis, depuis la fondation jusqu' en 1873. Senlis, Eug. Dufresne, 1884. In-8⁰. de 18 pp.

Comprend les volumes de la Ire série de ces publications.

51. Comité flamand de France. = Table des six tomes du Bulletin du Comité flamand de France (1857 à 1875). Lille, libr. Quarré, 1875; in-8⁰., pp. 489—580; (la 2me partie à 2 colonnes).
Contient: 1⁰) Table analytique; 2⁰) Table alphabétique.
Cette table, rédigée avec un grand soin, forme le fascicule 12 du tome VI du dit Bulletin, et ne se vend pas séparément.

52. Comité d'histoire et d'archéologie de la province ecclésiastique d'Auch. = Table méthodique des travaux insérés dans les quatre premiers volumes du Bulletin du Comité d'histoire et d'archéologie de la province ecclésiastique d'Auch, publiée dans le tome IV (1863), et tirée à part. Auch, E. Falières [1865]. 8⁰ de 16 pp. Cf. Revue de Gascogne.

53. Commission des monuments et documents historiques de la Gironde. = Table alphabétique et analytique des matières contenues dans les Compte-rendus de la Commission des Monu-

ments et documents historiques et bâtiments civils de 1840 à
1855. Bordeaux, E. Bissei, 1865. In-8⁰. de III, 98 pp. à 2 colonnes.

Comprend: 1⁰) Table alphabétique des matières; 2⁰) Table sommaire
des mémoires et documents; 3⁰) Table alphabétique des planches.

54. **Congrès archéologique de France.** = Ce Congrès a tenu
en 1883 sa cinquantième session, à Caen, où il avait été fondé.
En souvenir de ce cinquantenaire, il a été décidé que l'on pu-
blierait une table analytique et raisonnée des matières contenues
dans les volumes annuels du Congrès archéologique de France,
jusqu' en 1883 inclusivement. La rédaction de cette table a été
confiée par M. L. Palustre à M. Henri Stein, membre de la Société française d'archéologie. — En attendant l'apparition de cette
table, on consultera toujours avec quelque profit la nomenclature
qui en est donnée dans la Bibliographie des travaux historiques
et archéologiques publiés par les Sociétés Savantes de la France
(2me livraison, 1886), pp. 281—319.

55. **Congrès scientifique de France.** = Les volumes publiés
chaque année (ou à peu près) à l'occasion du Congrès scientifique
de France sont actuellement au nombre de 72, dont on trouvera
la nomenclature (au point de vue historique et archéologique)
dans la Bibliographie de travaux historiques et archéologiques
publiés par les Sociétés Savantes de la France (1re livraison, 1885),
pp. 165—188.

56. **Correspondant.** = Table méthodique et analytique des articles
du Correspondant, depuis sa fondation (1843) jusqu' au 1er janvier 1874, suivie de la table alphabétique des auteurs, par l'abbé
Drapier. Paris, Ch. Douniol, 1874; in-8⁰. de X, 224 pp.

Cette table répond à 93 volumes et contient, pp. VII—IX, un ordre des
divisions de la table.

57. **Esprit des journaux.** = Table raisonnée des matières contenues dans l'Esprit des Journaux, depuis 1772 jusqu' en 1784 inclusivement [par l'abbé Pierre Lambinet]. Paris et Liége, Tutot;
s. d. 4 vol. in-8⁰.

58. **Gazette de France.** = Table ou abrégé des 135 volumes de
la Gazette de France depuis son commencement (en 1631) jusqu'
à la fin de l'année 1765 [par E. J. Genet]. Paris, 1766—1768;
3 vol. in-4⁰.

59. **Gazette des Beaux-Arts.** = Table alphabétique et analytique
(noms, matières, gravures) du tome I au tome XV (1859—1863),
par M. Paul Chéron. Paris, Claye, 1866. In-4⁰. de 611 pp. à
2 col.

Les gravures (peintres, dessinateurs, graveurs, sujets) sont dans cette
table comme dans les deux suivantes désignées à part, pp. 569—611.

—. = Table alphabétique et analytique (noms, matières, gravures) du tome XVI au tome XXV (1864—1868), par M. Paul Chéron. Paris, Claye, 1870. In-4⁰. de 533 pp. à 2 col.

Table spéciale des gravures, pp. 491—533.

—. = Table alphabétique et analytique (noms, matières, gravures), du tome XXVI au tome XXVII (1869—1880), par M. Henry Jouin. Paris, impr. Quantin. In-4⁰. de VI, 581 à 2 col.

Table spéciale des gravures, pp. 555—581.

60. Imprimerie. = Table analytique des matières contenues dans l'Imprimerie, journal de la typographie et de la lithographie, depuis sa fondation, (1863), jusqu' en 1883. Paris, G. Charavay, 1883; in-4⁰., pp. 977—990, à 3 colonnes.

Cette table a été distribuée aux abonnés du journal comme numéro supplémentaire de 1883, et termine le tome V de la Revue.

61. Journal asiatique. = Table des matières des tomes I à XI du Journal asiatique, suivie d'un index pour l'Amara Kocha et d'un autre pour le vocabulaire sanskritbengali et anglais de M. Yates, avec le catalogue de la bibliothèque, par J. Klaproth. Paris, Dupré, 1829. In-8⁰. de 172 pp.

—. = Table des matières de la seconde et de la trosième série du Journal asiatique (2me série, 16 vol. et 3me série, 14 vol.), par K. de Biberstein; publiée dans le tome XIV de la 3me série (Paris, imp. Roy, 1842), pp. 451—584, in-8⁰.

—. = Table des matières des quatrième et cinquième séries du Journal asiatique, publiée dans le tome XX de la 5me série (Paris, Impr. impériale, 1862), pp. 393—498, in-8⁰.

—. = Table des matières de la sixième série du Journal Asiatique, comprenant les années 1863 à 1872, publiée à la p. 261 du tome XX de la 6me série (Paris, Impr. nationale, 1872), in-8⁰.

—. = Table des matières de la septième série du Journal Asiatique, comprenant les années 1873 à 1882, publiée à la p. 277 du tome XX de la 7me série (Paris, Impr. nationale, 1882), in-8⁰.

62. Journal des Savants. = Table générale alphabétique du Journal des Savans depuis son Commencement (en 1665) jusqu' a l'année 1753 inclusivement pour l'édition de Hollande [par T.-B.-R. Robinet]. Amsterdam, M. M. Rey, 1765; 2 vol. in-12⁰.

—. = Table générale des matières contenues dans le Journal des Savans de l'édition de Paris, depuis 1665 jusqu' en 1750 [par l'abbé de Claustre], suivie d'un Mémoire historique sur le Journal des Savans [par L. Dupay]. Paris, Briasson, 1753—1764. 10 vol. in-4⁰.

—. = Table méthodique et analytique des articles du Journal des Savants depuis sa réorganisation (1816), jusqu' en 1858 inclus, précédée d'une notice historique sur ce journal, par H. Cocheris.

Paris, Aug. Durand, 1860; in-4⁰. de LXIII, 309 et 5? pp. à 2 col.

63. **Journal historique de Verdun.** = Table générale alphabétique et raisonnée du Journal historique de Verdun sur les matières du temps, depuis 1697 jusques et compris 1756 (par T. Fr. Dreux du Radier]. Paris, Ganeau, 1759—1760; 9 vol. in-8⁰.

Contient également la table de la Clef du Cabinet des princes de l'Europe (cf. Barbier: Dict. des ouvrages anonymes; I, (1872), col. 614—615).

64. **Magasin brayon.** — Table générale et alphabétique des matières contenues dans les six volumes du Magasin brayon [ou Normand], par l'abbé J. E. Decorde. Neufchâtel, impr. Duval, et Rouen, libr. Frère, 1869. (Cette table est à la fin de la 6me et dernière année de la collection, pp. 197—204).

65. **Magasin Pittoresque.** = Table alphabétique et méthodique des 40 premières années du Magasin Pittoresque, dirigé par Edouard Charton, suivi de la liste des rédacteurs, dessinateurs et graveurs. Tome I à XL (1833—1872). Paris, aux bureaux de la Revue, 29, quai des Grands Augustins, 1873; in-4⁰. de 403 pp. à 3 colonnes.

66. **Mémoires de Trévoux.** = Table méthodique des Mémoires de Trévoux (1701—1775). Première partie: Dissertations, pièces originales ou rares, mémoires, précédée d'une notice historique, et publiée par le P. C. Sommervogel, S. J. Paris, Aug. Durand, 1864; in-12⁰. de CI, 198 pp. — Deuxième partie: Bibliographie, par le même. Paris, Aug. Durand, 1865; 2 vol. in-12⁰. de III, 452 et 471 pp.

Considérable et remarquable travail.

67. **Mercure de France.** = Indicateur généalogique, biographique et nécrologique du Mercure de France (1672—1789), par Joannis Guigard. Paris, libr. Bachelin-Deflorenne, 1869; in-8⁰. de IV, 142 pp. à 2 colonnes.

Il contient „par ordre alphabétique, les noms des personnages sur lesquels on trouve, dans cette collection, des notices biographiques et généalogiques, avec renvoi aux années, tomes et pages"; mais l'on voudrait y trouver davantage, et une table vraiment analytique du Mercure de France est encore à faire.

68. **Moniteur** (auj. **Journal Officiel**). = Révolution française, ou analyse complette et impartiale du Moniteur, suivie d'une table alphabétique des personnes et des choses. — Tome III. Table alphabétique du Moniteur depuis 1787 jusqu' à l'an VIII de la République (1799). Noms d'hommes. Paris, Girardin, an X (1802). In-folio de III, 468 pp. — Tome IV. Table alphabétique du Moniteur depuis 1787 jusqu' à l'an VIII de la République (1799). Noms des villes et titres des matières. Paris, Girardin, an X (1802). In-folio de 142 et 118 pp.

16

Il y a une autre édition de ces tables dans le format in-quarto, divisée de même.

—. = Tables du Moniteur Universel. Histoire du Consulat et de l'Empire. An VIII (1799) à 1814. Paris, Vve Agasse, [1815]. In-folio de CCXXVII, 756 pp

Depuis 1814, le Moniteur et depuis 1871 le Journal Officiel ont seulement des tables très détaillées annuelles, mais point d'index général pour une période déterminée. — Il existe aussi une table de la réimpression du Moniteur, par A. Ray, qui forme les tomes XXX et XXXI de la Collection (Paris, 1845). 2 vol. in-4°. de III, 595 et 571 pp.

69. Nouvelle Revue. = Table alfabétique générale des matières et des noms des auteurs contenus dans les tomes 193—268 de la Revue des Deux-Mondes et 1—21 de la Nouvelle-Revue (Q. P. Indexes, n°. XIV), dressée par W. M. Griswold, sous-bibliothécaire à la bibliothèque nationale des Etats-Unis. Bangor (U. S.) Q. P. Index; et Paris, G. Pedone-Lauriel, 1883; in-8°. de 25 pp. à 2 colonnes.

C'est la brochure mentionnée plus bas sous le n°. 81; l'index de la Nouvelle Revue, conçu sur le même plan, ne fait d'ailleurs qu'un avec celui de la Revue des Deux-Mondes. L'initiale N avant le chiffre de renvoi suffit à la distinguer. Ce travail se distingue d'ailleurs par sa grande netteté et sa parfaite correction typographique.

70. Nouvelles ecclésiastiques. = Table raisonnée et alphabétique des Nouvelles ecclésiastiques depuis 1728 jusqu' en 1760 inclusivement [par l'abbé de Bonnemare]. Paris, 1767; 2 vol. in-4°.

71. Revue anglo-française. = Table méthodique des matières contenues dans les cinq volumes de la première série de la Revue Anglo-Française, publiée à la fin du tome V (Poitiers, Saurin, 1837), pp. 425—448.

Il y a eu aussi un tirage à part avec pagination spéciale, 8°. de 24 pp.

72. Revue archéologique. = Table des planches et table alphabétique des matières contenues dans les dix premières années de la Revue archéologique (X^e année, 1854). Paris, A. Leleux, 1854; in-8°., pp. 765—836, à 2 colonnes.

Contient: 1°) Table des planches; 2°) Table générale alphabétique des matières.

Cette seconde partie indique aussi, par un signe typographique spécial, les noms des collaborateurs.

Cette table est un tirage à part à pagination continue, et à un très petit nombre d'exemplaires du Xe volume de la Revue, où elle a paru tout d'abord.

—. = Table des planches et table alphabétique des matières contenues dans les années XI à XVI de la Revue archéologique (1854 —1859). Paris, A. Leleux, 1859; in-8°; pp. 767—784.

Mêmes observations que pour la table précédente.

—. = Table décennale de la Revue archéologique, nouvelle série (1860—1869), dressée par M. Ferd. Delaunay, suivie de l'index des gravures. Paris, Didier, 8° de 91 pp. à 2 col.

Ce dernier travail est fort bien fait.

73. **Revue Britannique.** == Table générale des travaux de la Revue Britannique, (depuis sa fondation en 1825 jusqu' en 1880 inclusivement), rédigée par J. Drapier, sous la direction de Pierre-Amédée Pichot. Paris, aux bureaux de la Revue, 50, boulevard Haussmann (auj. 41, rue de la Victoire), 1881; in-8°. de VIII, 643 pp.

Contient: 1°) Table méthodique et analytique des matières; 2°) Table alphabétique des auteurs.

La partie bibliographique est comprise dans la première; notons que depuis 1868 un nouveau modèle de rédaction a été suivi pour les compte-rendus. La diversité des caractères et l'agrément de la disposition typographique facilitent l'emploi de cette bonne table.

74. **Revue catholique des institutions et du droit.** == On annonce comme étant sous presse la Table générale de la collection complète de la Revue catholique des institutions et du droit, qui a été fondée en 1873 et compte actuellement 29 volumes (Grenoble, Baratier et Dardelet).

75. **Revue critique d'histoire et de littérature.** == La Revue Critique a annoncé en 1886 la préparation d'une table générale des articles et de la chronique, depuis la fondation (1867): nous ignorons quelle suite sera donnée à ce projet.

76. **Revue de Bretagne et de Vendée.** == Table générale méthodique de la Revue de Bretagne et de Vendée (de janvier 1857 à décembre 1866). Nantes, impr. Forest et Grimaud, 1867; in-8°. de 40 pp.

—. == Deuxième table générale méthodique de la Revue de Bretagne et de Vendée (de janvier 1867 à décembre 1876). Nantes, impr. Forest et Grimaud, 1877; in-8°. de 40 pp.

Chacune de ces tables comprend un espace de dix années, et se divise en trois parties: 1°) Table générale des matières; 2°) Bibliographie; 3°) Table des noms d'auteurs.

77. **Revue de Gascogne,** bulletin mensuel de la Société historique de Gascogne. == Table alphabétique générale des 15 volumes publiés par le Comité d'histoire et d'archéologie historique de Gascogne, publiée dans le volume XV de la Revue (1874), pp. 575—584. Auch, Foix, 1874, in-8°.

Cet index général ne doit pas empêcher de consulter les tables spéciales publiées à la fin du tome IV (cf. **Comité d'histoire,** etc.), et à la fin du tome X, pp. 563—572, et tirées toutes deux à part.

78. **Revue de géographie.** == Table des travaux de la Revue de Géographie (tomes I à XIII, depuis la fondation en janvier 1877 jusqu' en décembre 1883), dressée par Henri Stein, membre de la Société de géographie. Paris, libr. Ch. Delagrave, 1884; in-8°. de 32 pp. à 2 colonnes.

Travail méthodiquement divisé. Cf. un article de M. L. Drapeyron sur cette table (**Revue de Géographie,** tome XIV, mars 1884, pp. 161—164).

2

79. Revue de l'Art chrétien. = Table méthodique des articles
publiés dans la Revue de l'art chrétien, depuis l'origine (janvier
1857) jusqu' au 31 décembre 1881, suivie de la table générale
des dessins, par le chanoine J. Corblet. Tomes I à XXXII.
Arras, libr. du Pas-de-Calais, et Paris, D. Dumoulin, 1882; in-8⁰.
de 56 pp.

Ce n'est pas une table analytique, et la trop grande concision de ce
travail en rend l'usage pénible et dangereux.

80. Revue des Deux-Mondes. = Table générale de la Revue des
Deux-Mondes (1831—1874). Paris, à l'administration de la revue,
1875; 1 vol. in-8⁰. de 477 pp.

Contient: 1⁰) Table alphabétique par noms d'auteurs; 2⁰) Table analytique; 3⁰) Table géographique (à 2 colonnes).
La subdivision des matières à l'infini rend l'usage de l'index analytique
très difficile et parfois dangereux.

— = Table alfabétique générale des matières et des noms des auteurs
contenus dans les tomes 193—268 de la Revue des Deux-Mondes, et 1—21 de la Nouvelle Revue (Q. P. Indexes, n⁰. XIV) par
W. M. Griswold, sous-bibliothécaire à la Bibliothèque nationale
des Etats-Unis. Bangor (U. S.), Q. P. Index; et Paris, G. Pedone-
Lauriel, 1883; in-8⁰. de 25 pp. à 3 colonnes.

Cette seconde table fait suite à la première; simplifiée autant qu'il est
possible par une série de conventions typographiques et par une disposition
heureuse, elle forme un bizarre contraste avec la première.

—. = Table des travaux de la Revue des Deux-Mondes (suite de la
table générale), depuis 1874 jusqu' au 1er janvier 1886. Paris,
à l'administration de la revue, 1887; 1 vol. in-8⁰. de 204 pp.

Mêmes divisions que dans la table générale ci-dessus nommée. A
noter toutefois un errata de la table générale de 1831 à 1874, page 193.

81. Revue des documents historiques. = Table des cinq premiers volumes de la Revue des Documents historiques, publiée
par M. Et. Charavay, (1re série, années 1873—1878). Paris, Charavay frères, 1879; in-8⁰. de 16 pp.

Ce sont de simples sommaires sans prétention scientifique, accompagnés
de spécimens d'illustrations de la Revue.

32. Revue des provinces de l'Ouest. = Table méthodique des
Matières contenues dans les six années de la Revue des provinces
de l'Ouest (1853—1859), publiée dans le VIe volume de la Revue,
pp. 741—760. Nantes, A. Guéraud, 1859; in-8⁰.

Contient: 1⁰) Liste alphabétique des auteurs qui ont publié des articles
dans la revue; 2⁰) Table méthodique des matières.

83. Revue des Questions Historiques. = Tables des tomes I
à XXI (1866—1876) de la Revue des Questions Historiques,
comprenant: 1⁰) Table méthodique; 2⁰) Table alphabétique des
auteurs; 3⁰) Table générale des matières; 4⁰) Table bibliographique ou table des auteurs [dont les ouvrages ont été analysés

dans les bulletins bibliographiques]. Paris, Palmé, 1887; in-8⁰. de 364 pp.

La table des volumes suivants, répondant aux années 1877—1886, suivra de près celle-ci. La division sera la même. La rédaction en a été confiée à M. Léon Lecestre.

84. Revue des Sociétés Savantes. = Table générale des Bulletins du Comité des travaux historiques et de la Revue des Sociétés Savantes (1837—1869), par M. Octave Teissier, membre non résidant du Comité. Paris, Impr. Nle, 1873; in-8⁰. de XII, 329 pp. à 2 colonnes.

Cette table embrasse 46 volumes et comprend: 1⁰) Table générale des noms et des matières; 2⁰) Table chronologique des documents insérés ou cités; 3⁰) Table des planches. — Elle aurait considérablement gagné à être moins détaillée, afin d'épargner bien des recherches inutiles.

85. Revue du Lyonnais. = Table générale des XXXIII volumes de la Revue du Lyonnais (1835—1849). Lyon, L. Boitel, 1848; in-8⁰. de 43 pp. à 2 col. (parue à la suite de la page 430 du tome XXVIII).

—. = Table générale des matières contenues dans les 31 volumes de la 2me série de la Revue du Lyonnais de juillet 1850 à décembre 1865. Lyon, Vingtrinier, 1867; in-8⁰. de 150 pp. (à la suite de la page 240 du tome IV de la 3e série).

86. Revue du monde catholique. = Table générale des matières de la Revue du monde catholique, pour les 20 premiers volumes (avril 1861 à mars 1868). Paris, libr. Palmé; et Lyon, libr. Pélagaud, 1877; in-8⁰. de XII, 600 pp. à 2 colonnes.

On a mêlé à tort les compte-rendus avec les articles de fond; les renvois en outre ne sont pas toujours très compréhensibles. Nous attendons mieux de la prochaine.

87. Revue Encyclopédique. = Table décennale de la Revue encyclopédique, ou répertoire général des matières contenues dans les quarante premiers volumes de ce recueil publié par les soins de A. Jullien (1819—1829), mise en ordre et rédigée par P.-A.-M. Miger. Paris, Sédillot, 1831; 2 vol. in-8⁰. de VI, 458 et 611 pp.

88. Revue générale d'architecture. — Table générale analytique et alphabétique des trente premiers volumes de la Revue générale de l'architecture et des travaux publiés, fondée et dirigée par M. César Daly; tomes I à XXX. Paris, libr. Ducher, 1877; gr. in-4⁰. de 413 pp. à 2 colonnes.

Cette table a été rédigée sous la direction de M. Lavezzari, architecte. Elle contient l'indication spéciale des gravures et dessins.

89. Revue historique. = Table générale des cinq premières années de la Revue historique (1876 à 1880 inclusivement), rédigée par Charles Bémont. Tomes I à XV. Paris, libr. Germer-Baillière, 1882; in-8⁰. de 88 pp. à 2 colonnes.

Contient: 1⁰) Liste des collaborateurs; 2⁰) Table des articles (par ordre

20

chronologique); 3°) Table des documents (même ordre); 4°) Bulletins historiques et correspondances; 5°) Recueils périodiques et Sociétés Savantes (clas-
sés par pays); 6°) Chronique; 7°) Bibliographie (2851 numéros); 8°) Répertoire
méthodique.

Ce remarquable travail rend les plus grands services.

—. = Deuxième table générale de la Revue historique (1881 à 1885
inclusivement), rédigée par Camille Couderc.   Tomes XVI à
XXIX.   Paris, Félix Alcan, 1887; in-8°. de 140 pp. à 2 colonnes.

Mêmes divisions que pour le précédent travail; mais la Bibliographie
donne infiniment plus de détails, puisqu' elle ne compte pas moins de 4810
numéros.

90. Revue historique de droit français et étranger. = Tables
des quinze années de la Revue historique de droit français et
étranger (1855—1869).   Paris, Durand et Pedone-Lauriel, 1872;
in-8°. de 44 pp.

Contient: 1°) Table des noms d'auteurs; 2°) Table des matières;
3°) Table bibliographique.

91. Revue historique et archéologique du Maine. = Table des
matières contenues dans les vingt premiers volumes de la Revue
Historique et Archéologique du Maine, dressée par l'abbé Em.
Chambois.   Le Mans, Pellechat, 1887.   In-8°. de 62 pp.

Cette table est ainsi divisée: 1°) Table des matières; 2°) Table méthodique des articles; 3°) Table chronologique des documents publiés, 4°) Table
des planches et vignettes.

92. Revue historique et nobiliaire. = Tables générales des 12
premiers volumes de la Revue historique, nobiliaire et biographique (1862—1875).   Paris, libr. J. B. Dumoulin, 1875; in-8°. de
LXXX pp.

Contient: 1°) Table des articles par ordre de matières; 2°) Table alphabétique des noms de provinces et localités auxquelles se rapportent les articles; 3°) Table alphabétique des noms des familles qui ont un article ou
dont les armoiries sont décrites dans la revue; 4°) Table alphabétique des
noms d'auteurs.
Ce travail anonyme, mais rédigé par M. L. Sandret, est facile à consulter.   Il est regrettable que cette table ne soit pas même brochée et n'ait
pas été mise dans le commerce; elle se vend seulement avec la collection
entière de la Revue, qui a vécu encore quelques années après 1875. Elle
n'est donc pas complète. Mais le libraire A. Claudin (Archives du Bibliophile, juillet-août 1887) annonce la très prochaine apparition d'une
table supplémentaire, dont la rédaction a été confiée à M. Ph. Berjeau.

93. Revue maritime et coloniale. = Table alphabétique et analytique des matières contenues dans les 24 volumes de la Revue
maritime et coloniale et dans les 3 volumes de la Revue algé-
rienne et coloniale (1859—1868).   Paris, Paul Dupont et Challamel aîné, 1870; in-8°. de 131 pp. à 2 colonnes.

—. = Table alphabétique et analytique des matières contenues dans
les 35 volumes de la Revue maritime et coloniale (1869 à

1878). Paris, Challamel aîné, 1880; in-8°. de 220 pp. à 2 colonnes.

Chacune d'elles contient séparément une table des planches détaillée

94. **Revue Numismatique.** == Tables générales et raisonnées par
ordre de matières des 20 volumes de la première série de la
Revue numismatique, rédigées par M. E. Cartier père. Paris, Rollin,
1856; in-8°. de XVI, 432 pp.

Ce volume forme le XXI° volume de la publication. Malgré une cer-
taine confusion apparente, il est facile à consulter.

95. **Revue politique et littéraire.** == Table des matières contenues dans les 26 premiers volumes de la Revue politique et littéraire (1re et 2me séries; 1864 à 1880 inclusivement). Paris,
libr. Germer-Baillière, 1881; in-4°. de 17 pp. à 2 colonnes.

Cette table est mal divisée et peu commode à consulter. A la suite
se trouve la table de la Revue scientifique (pp. 18—36) pour les années
correspondantes.

96. **Romania.** == Table analytique des dix premiers volumes de la
Romania (1872—1881), par Jules Gilliéron. Paris, Vieweg, 1885.
In-8°. de II, 186 pp. à 2 col.

Comprend huit divisions: 1° Index Général; — 2° Index lexicologique;
— 3° Index grammaticaux; — 4° Index du folk-lore; — 5° Index des manuscrits; — 6° Index des périodiques; — 7° Errata; — 8° Supplément et cor-
rections.

Tout cela est bien compliqué, mais fort utile.

97. **Société académique d'archéologie, sciences et arts du
département de l'Oise.** == Table générale des matières contenues dans les dix premiers tomes des Mémoires de la Société
académique d'archéologie, sciences et arts du département de
l'Oise (1847—1879). Beauvais, impr. D. Père, 1881; in-8°. de
39 pp.

Contient: 1°) Table alphabétique des matières; 2°) Table alphabétique
par noms d'auteurs.

98. **Société académique de Brest.** == Table par ordre alphabétique des matières contenues dans le Bulletin de la Société académique de Brest (1858 à 1886). Brest, impr. de l'Océan, 1887.
In-8°. de 70 pp.

99. **Société académique de Laon.** == Table récapitulative des
travaux publiés dans les 23 bulletins de la Société académique
de Laon (1851—1880), publiée en supplément au tome XXIV
des Bulletins (1882), pp. 1—27. Laon, Cortilliot, 8°.

100. **Société académique de Maine-et-Loire.** == Table méthodique des trente premiers volumes des Mémoires de la Société
académique de Maine-et-Loire, rédigée par V. Boreau, et publiée
dans le tome XXX (1873), pp. 137—149. Angers, P. Lachèse et
Cie. in-8°.

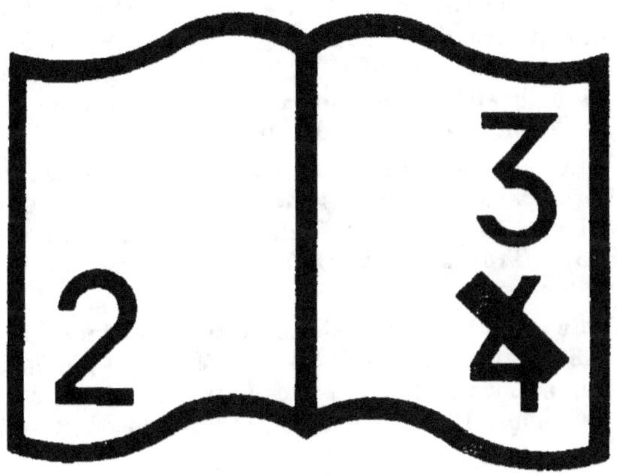

Pagination incorrecte — date incorrecte

NF Z 43-120-12

101. **Société académique de Nantes et de la Loire-Inférieure.** == Table alphabétique des noms d'auteurs et des matières contenues dans les Annales de la Société Académique de Nantes et de la Loire-Inférieure (depuis la fondation en 1798 jusqu' en 1878 inclusivement), par F-P. Doucin, trésorier de la Société. Nantes, impr. Vve Mellinet, 1879; in-8⁰. de 146 pp.

Cette table embrasse 16 brochures et 49 volumes qu' a publiés cette Société, et comprend: 1⁰) Table alphabétique des noms d'auteurs; 2⁰) Table alphabétique des matières.

102. **Société académique du département de l'Aube.** == Table générale des matières contenues dans les Nos 1 à 100 de la première série des Mémoires de la Société d'agriculture, des sciences, arts et belles-lettres du département de l'Aube (1822 à 1846). Troyes, impr. Bouquot, s. d. In-8⁰. de 48 pp. à 2 colonnes.

—. == Table générale des matières contenues dans les Nos 1 à 68 de la deuxième série des Mémoires de la Société d'agriculture, des sciences, arts et belles-lettres du département de l'Aube (1847 à 1863). Troyes, impr. Dufour-Bouquot, 1864; in-8⁰. de 46 pp. à 2 colonnes.

—. == Table générale des matières contenues dans les tomes I à XX de la 3e série (1864 à 1883) des Mémoires de la Société d'Agriculture, sciences, arts et belles-lettres du département de l'Aube. Troyes, impr. Dufour-Bouquot, 1885; in-8⁰. de 37 pp. à 2 colonnes.

Il faut féliciter cette Société de publier avec régularité d'aussi précieux index, où les recherches se font très facilement. On regrettera seulement la différence du format de ces trois brochures.

103. **Société archéologique de Montpellier.** == Il n'y a pas de table générale des publications de la Société, mais on trouvera dans le tome VIII des Mémoires (Montpellier, J. Martel, 1882—1884), pp. V—LVI, des notes raisonnées sur les publications de la Société; elles sont contenues dans l'article intitulé: La Société archéologique, ses travaux et ses collections.

104. **Société archéologique de Sens.** == Tables générales des dix premiers volumes des la Société archéologique de Sens, dressée par M. G. Julliot, professeur; dans le tome XI, pp. XVII—XXXI (Sens, impr. Duchemin, 1877). Elle n' a pas été tirée à part.

105. **Société archéologique de Touraine.** == Table alphabétique des tomes I à V du Bulletin de la Société Archéologique de Touraine, dans le tome V, (3e et 4e Trimestre de 1882); Tours, Ladevèze, 1884, pp. 429--476 à 2 col.

—. == Table analytique des Mémoires de la Société archéologique de Touraine du tome I au tome XIV, rédigée par l'abbé C. Chevalier, secrétaire-adjoint. Tours, Ladevèze, 1864. In-8⁰. de XXX, 268 pp. [forme le tome XV des Mémoires de la Société].

Cette table, fort bien dressée, comprend 4 parties: 1º) Noms de lieux; — 2º) Noms de personnes; — 3º) Table des objets (matières); — 4º) Table des armoiries.

106. **Société archéologique du département de Constantine.** = Tables générales des 20 premiers volumes de la Société archéologique de Constantine (Algérie), 21º volume de la collection (1853—1880), par A. Poulle. Constantine, impr. Ad. Braham, 1881; in-8º. de 285 pp.

Contient: 1º) Liste des noms fournis par les inscriptions; 2º) Table des notices et mémoires; 3º) Table alphabétique des auteurs des mémoires; 4º) Description sommaire des planches.

La 1re partie à elle seule est un travail très méritoire et répondant à un véritable besoin.

107. **Société archéologique du midi de la France.** = Tables générales des Mémoires de la Société archéologique du midi de la France, dressées par M. Eug. Lapierre, archiviste de la Société. Première série: 9 volumes (1831—1871). Toulouse, impr. A. Chauvin et fils, 1875; in-4º. de 69 pp.

Contient: 1º) Table alphabétique des matières; 2º) Table alphabétique des noms des auteurs; 3º) Table méthodique et analytique des matières; 4º) Table des planches.

Trop de divisions dans les matières, et partant trop de confusions dans les recherches.

108. **Société archéologique et historique de la Charente.** = Etat des publications de la Société archéologique et historique de la Charente, publié dans le tome Ier de la 5e série du Bulletin (année 1877), pp. XV—XXVIII. Angoulème, F. Goumard, 1879, in 8º.

Cette table, rédigée par volumes, est fort incommode à consulter et ne donne que les titres généraux des travaux publiés.

109. **Société archéologique et historique du Limousin.** = Tables générales de la première série des Bulletins de la Société Historique et Archéologique du Limousin (tomes I à XXII; 1845 à 1873), dressées par M. Thézard, vice-président de la Société. Limoges, impr. Chapoulaud frères, 1876; in-8º. de 128 pp.

Très bon et très utile travail.

110. **Société archéologique, scientifique et littéraire de Béziers.** = Table générale des matières comprises dans les seize livraisons de la 1re série du Bulletin de la Société archéologique de Béziers, publiée à la fin du tome VI (4 pp.). Béziers, P. Riquet, 1857. In-8º.

C'est une simple nomenclature.

111. **Société archéologique, scientifique et littéraire du Vendômois.** = Table décennale par ordre de matières du Bulletin de la Société archéologique, scientifique et littéraire du Vendômois (1862—1871), publiée à la fin du tome X des Bulletins, pp. 148 —156. Vendôme, Lemercier, 1871; in-8º.

—. == 2me table décennale par ordre de matières du Bulletin de la
Société archéologique, scientifique et littéraire du Vendômois (1872
—1881), publié à la fin du tome XX des Bulletins, pp. I à IX.
Vendôme, Lemercier, 1881; in-8⁰.

112. Société d'agriculture, industrie, sciences et arts du département de la Lozère. == Table générale des Mémoires et
Bulletin de la Société d'agriculture, industrie, sciences et arts du
département de la Lozère; partie historique, scientifique et littéraire (de 1827 à 1865). Mende, C. Privat, 1867. In-8⁰. de
71 pp.

113. Société d'agriculture, sciences et arts d'Agen. == Table
des mémoires et documents publiés dans la 1re série du Recueil
des travaux de la Société d'agriculture, sciences et arts d'Agen.
Tome IX (1858), pp. 415—441. Agen, Pr. Noubel, 1858, in-8⁰.

114. Société d'agriculture, sciences et arts de Douai. ==
Tables des matières contenues dans la première série des mémoires
de la Société nationale et centrale d'agriculture, sciences et arts
du département du Nord, séant à Douai (1826—1850), par M.
A. C[ahier]. Douai, s. d. In-8⁰. de V—159 pp., tirage à part du
tome XIII, pp. 363—526.

 Contient: 1⁰) Table des auteurs; 2⁰) Table des matières.
 Ce travail n'aurait rien perdu à être diminué de moitié. — On m'assure
que la table des matières contenues dans la 2me série (1851—1876) va paraître
prochainement.

115. Société d'agriculture, sciences, arts et belles-lettres
du département d'Indre et Loire. == Table générale et analytique des matières contenues dans les Annales de la Société
d'agriculture, sciences, arts et belles-lettres d'Indre et Loire, depuis
l'origine (1821) à 1845 inclus, publiée par G. de Sourdeval. Tours,
1846; in-8⁰.

116. Société d'agriculture, sciences, arts, et commerce du
Puy-en-Velay. == Table des Annales et autres publications
périodiques de la Société d'agriculture, sciences et arts et commerce du Puy, rédigée par R. Gerbier. Le Puy, Marchessou, 1876.
In-8⁰. de XXXII, 249 pp. à 2 col.

117. Société d'agriculture, sciences et arts de l'arrondissement de Valenciennes. == Table alphabétique des documents'
historiques publiés par la Société Impériale d'agriculture, sciences
et arts de l'arrondissement de Valenciennes soit dans ses Mémoires,
soit dans sa Revue, (1831—1865); publiée dans Mémoires historiques sur l'arrondissement de Valenciennes publiés
par la même Société, tome I (Valenciennes, 1865), pp. IX—
XVIII.

118. Société d'agriculture, sciences, belles-lettres et arts
d'Orléans. == Table générale des matières contenues dans les

Bulletins, Annales, Mémoires de la Société d'Agriculture, sciences, belles-lettres et arts d'Orléans (1810 à 1874), par M. Charpignon. Orléans, impr. Puget et Cie, 1874; in-8°. de 86 pp.

Cette table comprend une série de 46 volumes, mais a été conçue sur un plan triple (Bulletins, Annales, Mémoires) qui nuit à la commodité des recherches. Il eût mieux valu tout réunir.

119. Société d'Archéologie lorraine. = Tables des vingt-deux premiers volumes de Bulletins et Mémoires, et des quinze volumes de Documents sur l'histoire de Lorraine, publiés par la Société d'Archéologie lorraine (1849—1872), par M. Arth. Benoît, revues et complétées par Ch. Laprévôte et H. Lepage. Nancy, impr. Crépin-Leblond, 1874; in-8°. de 92 pp.

Contient: 1°) Table des matières; 2°) Table des planches; 3°) Table des noms de lieux; 4°) Table des noms de personnes; 5°) Table des noms d'auteurs. — Il est regrettable que l'on ait jugé à propos de réunir en un même corps les publications des mémoires (22 vol.) et des documents (15 vol.). — Une table de ce genre, refondue dans la présente, et rédigée par Léon Mongenot, avait été précédemment insérée dans le tome XII des Mémoires.

—. = Table analytique des 16 premiers volumes du Journal de la Société d'Archéologie lorraine (1849—1868), a paru en supplément au n° de décembre 1867, in-8°. de 34 pp. — Table des dix derniers volumes du Journal de la Société d'Archéologie lorraine, par M. Arth. Benoît (1868 à 1877), a paru en supplément au n° de décembre 1877, in-8°. de 50 pp.

120. Société de Géographie. = Table alphabétique et raisonnée des matières contenues dans les deux premières séries du Bulletin de la Société de Géographie (1822—1843), rédigée par Eug. de Froberville. Paris, libr. A. Bertrand, 1848; in-8°. de 251 pp. (dont 6 d'errata) à 2 colonnes.

—. = Table alphabétique et raisonnée des matières contenues dans les 3e et 4e séries du Bulletin de la Société de Géographie (1844 —1861), rédigée par V. A. Barbié du Bocage. Paris, libr. A. Bertrand, 1866; in-8°. de II, 189 pp. à 2 colonnes.

Ces deux tables sont rédigées sur le même modèle défectueux; elles renvoient à un grand nombre d'articles qui n'existent pas à l'état réel. En voulant trop bien faire, on nuit à l'utilité de la publication. — Le mieux est l'ennemi du bien. — Une troisième table, comprenant les 5e et 6e séries du même bulletin (1862—1879) est actuellement en préparation: il est fort à craindre que le rédacteur ne suive, ne fût-ce que pour la symmétrie, les errements de ses prédécesseurs.

121. Société de l'Histoire de France. = Table des matières des vingt-trois premières années du Bulletin de la Société de l'Histoire de France (1834—1856). Paris, Veuve Renouard, 1857. In-8°. de 77 pp.

Contient: 1°) Liste chronologique des documents publiés; 2°) Table alphabétique des matières. — Chacun des volumes dudit Bulletin est représenté dans la table par une des lettres A—R.

—. = Table des matières contenues dans la deuxième série du Bulletin de la Société de l'Histoire de France (1857—1862); publiée à la fin du tome XV (1862), pp. 405—427 à 2 col. Paris, Renouard, 8⁰.

Cette seconde table n'a pas été tirée à part. — Chacun de ces trois volumes nouveaux est représenté dans la table par les lettres S—V.

—. = Table générale des matières contenues dans l'Annuaire-Bulletin de la Société de l'Histoire de France (1863—1884), pour les années XXX—L. Paris, H. Laurens, 1886. In-8⁰. de 42 pp.

Comprend: 1⁰) Table alphabétique des titres d'articles; 2⁰) Table alphabétique des noms d'auteurs; 3⁰) Table chronologique des documents originaux.

122. Société de l'Histoire de l'Art français. = Table du Bulletin de la Société de l'Histoire de l'art français, de 1875 à 1878 (quatre années) rédigée par M. Anat. de Montaiglon. Paris, Charavay, 1878; in-8⁰., pp. 221—256, à 2 colonnes.

Elle forme la livraison d'octobre 1878 et termine le 4ᵉ volume de cette publication. Il n'en a pas été fait de tirage à part. Rédigée par un maître, elle est au-dessus de tout éloge.

Voyez aussi: Archives de l'Art français.

123. Société de l'Histoire de Normandie. = Tables des noms de lieux et des noms d'hommes [contenus dans] les Bulletins de la Société de l'histoire de Normandie publiés de 1869 à 1887; publiée à la fin du tome IV des Brlletins (Rouen, Ch. Métérie, 1888), pp. 413—626, in-8⁰.

Index très détaillé. Les noms de personnes sont distincts des noms de lieux.

124. Société de l'Histoire de Paris et de l'Ile de France. = Table décennale des publications de la Société de l'Histoire de Paris et de l'Ile de France (1874—1883), par M. E. Mareuse. Paris, Champion, 1885. In-8⁰. de VI, 55 pp. à 2 col.

On a confondu dans la table noms de lieux, de personnes et de matières, ce qui n'ôte rien à sa clarté. On y a compris aussi bien les „Bulletins" et les „Mémoires" publiés par la Société que les „Annexes" et les „Documents" qui ont paru par ses soins. Quelques erreurs se sont glissées dans le travail de M. Mareuse.

125. Société de l'Histoire du Protestantisme français. = Table générale des matières du Bulletin historique et littéraire publié par la Société de l'Histoire du protestantisme français (1re série, tomes I à XIV). Paris, libr. Grassart, 1866; in-8⁰. de CLXXIII pp. à 2 colonnes.

Table très détaillée, qui peut rendre les plus grands services. On attend avec impatience l'apparition de la table de la 2ᵐᵉ série (années 1867—1881), depuis longtemps annoncée.

126. Société d'émulation d'Abbeville. = Table générale des matières contenues dans la première et la seconde série des travaux de la Société d'Emulation, depuis sa fondation (1797) jusqu'

en 1868, dressée par Em. Delignières, et publiée dans le tome
Ier de la 3me série des Mémoires (Abbeville, Paillart & Retaux,
1873), pp. LIV—LXXX.

Nomenclature rangée suivant l'ordre des matières.

127. Société d'émulation de Cambrai. = Table générale des
vingt-huit premiers volumes des Mémoires de la Société d'Emulation de Cambrai, dressée par A. Wilbert, et publiée dans le
tome XXVIII des Mémoires (1864), pp. 411—470. Cambrai, Si-
mon, in-8⁰.

—. = Table alphabétique des matières contenues dans les douze
derniers recueils des Mémoires de la Société, tomes XXVIII à
XXXIV, par M. A. Durieux, publiée dans le tome XXXIV des
Mémoires (Cambrai, T. Renaut, 1878), pp. 397—414.

128. Société d'émulation de la Vendée. = Table analytique des
matières contenues dans les quatorze premiers Annuaires de la première série de la Société d'émulation de la Vendée, depuis l'origine (1854), jusqu' en 1869 inclus, dressée par Eug. Louis. La
Roche-sur-Yon, Vᵉ Ivonnet, 1871. In-8⁰. de 80 pp.

—. = Table analytique des matières contenues dans la deuxième
série des Annuaires de la Société d'émulation de la Vendée (1871
à 1880), par M. Eug. Louis. La Roche-sur-Yon, L. Gasté, 1880.
In-8⁰. de 54 pp.

129. Société d'émulation des Côtes du Nord. = Table générale des mémoires publiés par la Société d'Emulation depuis sa
fondation (1861) jusqu' au 31 décembre 1877, imprimée dans le
tome XIV (1877) pp. 267—278. Saint-Brieuc, Guyon, in-8⁰.

Simple nomenclature par noms d'auteurs.

130. Société d'émulation du Doubs. = Table générale analytique et méthodique des Mémoires de la Société d'Emulation du
Doubs, dressée par I. Waille, et publiée dans le tome X de la
4ᵉ série des Mémoires, (1875), pp. 607—665. Besançon, Jacquin,
in-8⁰.

Elle comprend les années 1840—1875 et une série de 31 volumes.

—. = Table décennale des Mémoires de la Société d'Emulation du
Doubs (1876—1885), tomes I à X de la 5ᵐᵉ série, par M. Alf.
Vaissier; publiée dans le tome X de la 5ᵐᵉ série des Mémoires,
(1886), pp. 481—518. Besançon, Jacquin, in-8⁰.

Cette seconde table est méthodique et alphabétique, suivant la même
division que la première.

131. Société départementale d'archéologie et de statistique
de la Drôme. = Table alphabétique des auteurs qui ont écrit
dans les dix premiers volumes du Bulletin (1re série), et table
alphabétique des articles, publiées dans le tome X du Bulletin
de la Société (Valence, Céas, 1876), pp. 453—472.

28

132. **Société des Antiquaires de France.** == Une table de l'importante collection des Mémoires et Bulletins publiés depuis 18
par la Société des Antiquaires de France (Paris), est actuellement sous presse, à ce que l'on nous assure. — Cf. **Académie
Celtique.**

133. **Société des Antiquaires de la Morinie.** == Tables des bulletins et mémoires publiés par la Société des Antiquaires de la
Morinie (depuis la fondation jusqu' en 1883) par E. Dramard,
membre correspondant. Saint-Omer, impr. d'Homont, 1883; in-8⁰.
de 124 pp.

Contient: 1⁰) Table des noms de lieux; 2⁰) Table des noms d'auteurs;
3⁰) Table analytique.

Les indications ne sont pas toujours suffisamment claires, et le lecteur
n' est pas aidé dans ses recherches.

134. **Société des Antiquaires de l'Ouest.** == Table méthodique
des principaux sujets traités dans les publications de la Société
des Antiquaires de l'Ouest (1834—1857), publiée dans le tome
XXIV des Mémoires de la Société, pp. XI—XXXII. Poitiers, impr.
A. Dupré, 1859; in-8⁰.

Cet index, plein d'indications insuffisantes, a été refait dix années
plus tard.

—. == Table méthodique des matières contenues dans les publications
de la Société des Antiquaires de l'Ouest (1834—1869), publiée
par A. Ménard, secrétaire de la Société, dans le tome XXXIV
des Mémoires de la Société, pp. XV—XLVII. Poitiers, typ. A.
Dupré, 1870; in-8⁰.

Ce second index, bien préférable au premier qui est devenu inutile,
est encore incomplet sur certains points; et il n' est pas superflu de recourir
aux tables de chaque Bulletin pour plus de détails.

—. == Tables générales des Mémoires et Bulletins de la Société des
Antiquaires de l'Ouest (1re série: 1834 à 1876), par A. de la
Bouralière. Tome XL des publications, 2me fascicule. Poitiers,
A. Dupré, 1879; in 8⁰. de 354 pp.

Cette dernière publication comprend: 1⁰) Table alphabétique et analytique des matières; — 2⁰) Table chronologique des documents publiés; —
3⁰) Table des planches; — 4⁰) Table méthodique des principaux sujets traités
par la Société.

135. **Société des Antiquaires de Normandie.** == Table générale,
alphabétique et analytique des matières contenues dans les cinq
premiers volumes du Bulletin publié par la Société des Antiquaires de Normandie (1860—1869), par M. Renault, ancien président de la Société. Caen, libr. Le-Blanc-Hardel, 1872; in-8⁰.
de 203 pp.

Travail consciencieux, mais beaucoup d'inutilités.

—. == Table alphabétique et analytique des vingt-quatre premiers
volumes des Mémoires publiés par la Société des Antiquaires de
Normandie (1824—1860), par M. Renault. Paris, Derache, 1863;
in-4⁰. de VIII—151 pp. à 2 colonnes.

Sur certains points, le travail est beaucoup trop écourté; sur d'autres il est au contraire démesurément allongé. Le manque de proportions est son plus grave défaut.

136. **Société des Antiquaires de Picardie.** = Table générale des matières contenues dans les dix premiers volumes des Mémoires de la Société des Antiquaires de Picardie (1837—1850); publiée à la fin du tome X, pp. 594—621. Amiens, impr. Duval et Herment, 1850; in-8⁰.

Contient: 1⁰) Index méthodique par ordre de matières; 2⁰) Index alphabétique par noms d'auteurs.

—. = Table générale des matières contenues dans les dix volumes de la 2me série des Mémoires de la Société des Antiquaires de Picardie (1851—1865); publiée à la fin du tome X de la dite 2e série, pp. 645—662. Amiens, impr. Lemer aîné, 1865; in-8⁰.

Le même ordre a été suivi que précédemment.

137. **Société des Antiquaires du Centre.** = Table des dix premiers volumes des Mémoires de la Société des Antiquaires du Centre (1867—1883). Bourges, Pigelet et Tardy, 1883; in-8⁰. de VII, 138 pp.

Contient: 1⁰) Table générale des matières (à 2 col.); 2⁰) Liste des planches et dessins; 3⁰) Liste des travaux suivant l'ordre de publication.
Travail soigné et heureusement distribué.

138. **Société des lettres, sciences et arts de l'Aveyron.** = Tables générales des publications de la Société des lettres, sciences et arts de l'Aveyron, depuis son origine (1838), jusqu' au mois de juillet 1876, [par N. Maisonade]. Rodez, N. Ratery, 1877; in-8⁰. de V, 201 pp.

139. **Société des lettres, sciences et arts des Alpes-Maritimes.** = Liste des volumes publiés par la Société des lettres, sciences et arts des Alpes-Maritimes, qui sont en vente au siège de la Société, à Nice, avec le prix en regard; dressée par M. Ed. Blanc, archiviste-bibliothécaire de la Société (tomes I à VIII, 1865—1882). Nice, typ. Malvano-Mignon, 1883; in-8⁰. de 8 pp.

Travail imprimé au point de vue de la vente, auquel on peut néanmoins avoir recours en attendant la publication d'une table méthodique et détaillée.

140. **Société des Sciences historiques et naturelles de l'Yonne.** = Table alphabétique des matières contenues dans les dix premiers volumes (1847—1856) du Bulletin de la Société des Sciences historiques et naturelles de l'Yonne, par M. Prot. Auxerre, Perriquet, 1857; in-8⁰. de XVI—107 pp. à 2 colonnes.

—. = Tables analytiques de la première série (2me partie du Bulletin de la Société des sciences historiques et naturelles de l'Yonne (1857—1867), par MM. Demay et Berthelot. Auxerre, impr. Perriquet, 1875; in-8⁰. de 156 pp. à 2 colonnes.

—. = Tables analytiques de la deuxième série du Bulletin de la Société des sciences historiques et naturelles de l'Yonne (1867—

1878), par M. J. Colin. Auxerre, impr. G. Rouillé, 1883; in-8⁰.
de 43 pp. à 2 colonnes.

Les deux premières tables comprennent chacune dix années; la dernière en comprend douze. Dans chacune d'elles, on a eu soin de distinguer nettement la partie consacrée aux sciences naturelles de la partie consacrée aux sciences historiques.

141. **Société de statistique de Marseille.** = Cette société a toujours eu l'intelligente idée de publier des tables quinquennales d'un grand secours. On les trouve aux volumes V, pp. 530—536; X, pp. 518—582; XV, pp. 538—615; XX, pp. 553—628; XXV, pp. 565—580 du Répertoire de ses travaux. La table générale insérée au tome XXX, pp. 439—450, et intitulée: Mémoires sur la statistique des Bouches-du-Rhône contenus dans les tomes I à XXX du Répertoire des travaux de la Société de statistique de Marseille (Marseille, 1867) ne doit pas dispenser de toujours recourir aux tables régulières, beaucoup plus détaillées.

142. **Société de statistique, sciences, lettres et arts du département des Deux-Sèvres.** = Tables générales des Mémoires et Bulletins de la Société de statistique, sciences, lettres et arts du département des Deux-Sèvres; Mémoires, 1re et 2me séries (1836—1882); Bulletins (jusqu' à la fin de 1881), avec un aperçu sur les autres publications de la Société, par Léo Desaivre. Niort [St Maixent, impr. Reversé], 1884. In-8⁰. 249 pp.

Cette publication forme la 2me partie du tome XX des Mémoires de cette Société.

143. **Société d'études scientifiques et archéologiques de la ville de Draguignan.** = Table générale des matières traitées dans les dix premiers volumes de la Société d'études scientifiques et archéologiques de Draguignan, depuis l'origine (1856), jusqu' en 1875 inclus, publiée dans le tome X du Bulletin (1875), pp. 403—418. Draguignan, impr. Latil, in-8⁰.

N' a pas dû être tirée à part.

144. **Société des sciences, belles-lettres et arts du département de Tarn-et-Garonne.** = Table des neuf volumes de la Société des Sciences, Belles-Lettres et Arts de Tarn et Garonne, à la fin du recueil de 1882—3, pp. 137—144: Montauban, Forestié, 1883, in-8⁰.

C'est une simple liste des auteurs.

145. **Société historique et archéologique des Côtes du Nord.** = Table générale des matières contenues dans les six volumes publiés par la Société historique et archéologique des Côtes-du-Nord; publiée à la fin du tome VI (5e livraison), 8 pp. Saint-Brieuc, Prud'homme, 1881; in-8⁰.

146. **Société historique et archéologique du Maine.** = Voyez Revue historique et archéologique du Maine.

147. **Société historique et archéologique du Périgord.** = Table analytique des matières contenues dans les Bulletins de

la Société historique et archéologique de Périgord de 1874 à 1883, par A. Dujarric-Descombes. Périgueux, impr. Laporte, 1884; in-8⁰. de 105 pp. à 2 col.

148. **Société libre d'émulation de l'Eure.** == Notice historique sur la Société libre d'agriculture, sciences, arts et belles-lettres de l'Eure, et ses travaux; suivie des tables des matières contenues dans les vingt-quatre volumes composant les trois premières séries du recueil (1830—1860), par Eug. Dramard. Evreux, impr. Aug. Hérissey, 1865; in-8⁰. de CXXXV, 276 pp.

Contient: 1⁰) Table méthodique des matières; 2⁰) Table alphabétique par noms d'auteurs; 3⁰) Table analytique.

149. **Société nationale d'agriculture, sciences et arts d'Angers.** == Table des matières contenues dans les 42 volumes de Mémoires de la Société nationale d'agriculture, sciences et arts d'Angers, ancienne Académie (1831—1886), suivie d'une table alphabétique des noms d'auteurs, par M. Guillaume Bodinier, secrétaire général; publiée dans le tome XXVIII de la 3me série (1886), pp. 401—435. Angers, impr. Lachèse et Dolbeau, in-8⁰.

Il y a eu quelques tirages à part à pagination continue.

150. **Société nationale havraise d'études diverses.** == Catalogue raisonné des oeuvres des membres de la Société Havraise d'Etudes diverses, depuis sa fondation en 1833, jusqu' à la fin de l'année 1858, par M. le Dr. Maire, membre résidant. S. l. n. d. (Le Hâvre, 1859), in-8⁰., pp. 363—399.

Extrait à pagination continue du volume des publications de la Société. L'auteur a adopté une forme analytique fort peu commode pour les recherches.

151. **Société philomatique vosgienne.** == Table générale des matières contenues dans les 10 premiers volumes du Bulletin de la Société philomatique Vosgienne, (de 1875 à 1885), publiée dans le tome X du Bulletin (1885—1886), pp. 191—237. Saint-Dié, L. Humbert, 1885, in-8⁰.

Très bon travail.

152. **Souvenirs de la Flandre Wallonne.** == Recherches historiques et choix de documents relatifs à Douai et aux anciennes provinces du nord de la France.

Vingt volumes publiés jusqu' en 1880 forment la 1re série. (Douai, Crépin, 1861—1880.)

A la fin du dernier, on lit: En préparation: une table des matières des vingt volumes formant la première série des Souvenirs de la Flandre Wallonne. Ce travail n' est pas paru.

153. **Tour du Monde.** == Table décennale du Tour du Monde (1860—1870). Paris, libr. Hachette et Cie., 1870; in-4⁰. de 29 pp. à 2 colonnes.

On a mêlé les noms des collaborateurs, les noms géographiques et l'indication des gravures. La disposition typographique remédie au mal apparent. — Pour les années suivantes, une autre table est en préparation.

ALLEMAGNE-ALSACE-LORRAINE.

154. **Académie de Metz.** = Tables générales des deux premières
séries des Mémoires de l'Académie de Metz (1819—1871), par
Jules Thilloy. Metz, Ballet, 1873; in-8⁰. de 299 pp.

On y a compris les publications de l'Ancienne Société des lettres,
sciences et arts et agriculture de Metz, devenue successivement Académie royale, nationale, puis impériale. Ses travaux se publient aujourd' hui
encore en français.

155. **Société des Sciences, Agriculture et Arts de la Basse-
Alsace.** = Table générale des matières contenues dans les
tomes VI à X des Bulletins de la Société des Sciences, agriculture et arts de la Basse-Alsace (1870—1876). Strasbourg, typ.
G. Fischbach, 1877; in-8⁰. de 16 pp.

Je n' ai pu trouver de table pour les tomes I à V. La deuxième livraison du tome V a été interrompue par la guerre.

156. **Société pour la conservation des monuments historiques d'Alsace.** = Répertoire des travaux de la Société pour
la conservation des monuments historiques d'Alsace, indiquant par
ordre alphabétique tout ce qui a fait l'objet des études de la
Société (1re partie) . . . . et résumant les Ier, IIe, IIIe et
IVe volumes du Bulletin, par E. Eissen. Paris et Strasbourg,
Berger-Levrault, 1862; in-8⁰. de XXIV pp.

—. = 2me série. Répertoire des volumes I, II et III des la Société
pour la conservation des monuments historiques d'Alsace, par
ordre alphabétique 1⁰) des matières, 2⁰) des noms propres, avec
une liste des collaborateurs et de leurs communications littéraires,
par le chanoine A. Straub. Paris et Strasbourg, Berger-Levrault,
1866; in-8⁰. de 33 pp.

BELGIQUE.

157. **Table générale des notices concernant l'histoire de
Belgique publiées dans les revues belges, de 1830 à 1865,**
par M. Ernest Van Bruyssel. Bruxelles, impr. M. Hayez, 1869.
In-8⁰. de II, 136 pp.

Cet index, bien qu' incomplet, est fort utile et a l'avantage d'être ter-
miné par deux excellentes Tables des matières et des auteurs, dues à M.
J. J. E. Proost. On y trouve, au point de vue spécial de l'histoire de Bel-
gique, de consciencieux dépouillements de revues telles que l'Artiste (de
Bruxelles), la Revue belge (25 volumes), la Revue de Bruxelles, la
Renaissance, etc.

158. **Académie d'archéologie de Belgique.** = Tables des matières contenues dans la première série des Annales (tome I à
XX) de l'Académie d'archéologie de Belgique, dressées par Louis
Torfs, membre correspondant. Anvers, impr. J.-E. Buschmann,
1867; in-8⁰. de 52 pp.

Comprend: 1⁰) Table des matières; 2⁰) Registre biographique, nécrologique et généalogique; 3⁰) Table des auteurs.

159. **Académie royale de Bruxelles.** == Tables générale et analytique du recueil des Bulletins de l'Académie royale de Bruxelles (1re série, tomes I à XXIII, 1832 à 1856), par Ad. Siret. Bruxelles, Hayez, 1858. In-8⁰.

—. == Tables générale et analytique du recueil des bulletins de l'Académie Royale de Bruxelles (2e série, tomes I à XX, 1857 à 1866), par Ad. Siret. Bruxelles, Hayez, 1867. In-8⁰.

160. **Analectes pour servir à l'histoire ecclésiastique de la Belgique.** == Table générale des 16 premiers volumes des Analectes pour servir à l'histoire ecclésiastique de la Belgique (1864 —1879). Louvain, Ch. Peeters, s. d. [1879]; in-8⁰. de 36 pp.
Cette table doit être reliée à la fin du tome XVI.

161. **Bulletin du Bibliophile Belge.** == Table analytique des matières traitées dans les neuf premières années du Bulletin du Bibliophile Belge (1845—1854), par Aug. Scheler. Bruxelles, F.-J. Olivier, 1855; in-8⁰. de 80 pp. à 2 colonnes.

162. **Cercle hutois des sciences et des beaux-arts.** == On peut consulter sur les publications de ce cercle la brochure de M. E. Wigny: Notice historique et bibliographique sur les journaux et écrits périodiques hutois (Huy, Degrace, 1881), in-8⁰. de 28 pp. (extr. du tome IV des Annales du Cercle hutois).

163. **Commissions royales d'Art et d'Archéologie.** == Table onomastique des neuf premières années du Bulletin des Commissions royales d'art et d'archéologie. [Bruxelles, Hayez,] s. d. [1871]; in-8⁰. de XXII pp.
Simple liste sans apparat scientifique. — Elle doit être placée à la fin du tome X.

164. **Commission royale d'Histoire.** == Table générale du recueil des Bulletins de la Commission royale d'histoire de Belgique (1re série, 16 volumes), par Emile Gachet. Bruxelles, Hayez, 1852; in-8⁰. de 182 pp.

—. == Table générale du recueil des Bulletins de la Commission royale d'histoire de Belgique (2me série, 12 volumes), par Ernest Van Bruyssel. Bruxelles, Hayez, 1865; in-8⁰. VIII, de 118 pp.

—. == Table générale du recueil des Bulletins de la Commission royale d'histoire de Belgique (3e série, 14 volumes), rédigée par J. J. E. Proost. Bruxelles, E. Hayez, 1875; in-8⁰. de 153 pp.
Les deux premières de ces tables sont divisées de la même façon, suivant ce plan méthodique: 1⁰) Liste chronologique des documents avec date qui sont imprimés en entier dans les Bulletins de la Commission; 2⁰) Liste alphabétique des documents sans date; 3⁰) Table générale des matières (à 2 colonnes). — La troisième table ne contient pas les listes de documents (voir ci-dessous).

—. == Table générale chronologique et analytique des chartes, lettres, ordonnances, traités et autres documents contenus dans les trois premières séries des Bulletins de la Commission Royale d'histoire, par J.-J.-E. Proost. Bruxelles, F. Hayez, 1874; in-8⁰. de 438 pp.
Ce dernier volume est d'une utilité incontestable pour tout érudit, à

quelque nationalité qu' il appartienne; on y trouve les sommaires des actes les plus variés et les plus précieux depuis l'année 646 jusqu' en·1814.

165. **Institut archéologique du Luxembourg.** = Table générale des publications insérées dans les Annales de l'Institut archéologique du Luxembourg (Arlon), depuis sa fondation en 1847 jusqu' à l'année 1877 inclusivement, publiée dans le tome IX des Annales (1878), pp. 381—389, in-8⁰. — Une autre table générale (in-8⁰., IV pp.) a paru comme annexe au tome XVIII des Annales (1887), et comprend les matières des tomes X à XVIII.

166. **Institut archéologique liégeois.** = Il n' existe pas de table générale pour le Bulletin de l'Institut archéologique liégeois, qui compte actuellement 19 volumes. Mais on trouvera un dépouillement fort utile des 17 premiers dans le volume suivant (col. 1562—1565): Bibliographie liégeoise, par le chev. De Theux de Montjardin, 2me édon augmentée, Bruges, Desclée, De Brouwer et Cie, 1885, in-4⁰.

Le beau et remarquable volume de M. de Theux contient, comme annexes (col. 1549—1581), le dépouillement des revues de Belgique au point de vue de l'histoire de Liége. Ce bibliographe devrait trouver des imitateurs.

167. **Journal historique et littéraire [de Kersten].** = Table générale contenant par ordre alphabétique les matières principales contenues dans les vingt premiers volumes du Journal historique et littéraire. Liège, impr. Verhoven-Debepr, 1855. In-8⁰. de 110 pp. à 2 colonnes.

Cet index comprend les volumes parus depuis l'origine (1834). — A la fin du tome XXXIV et dernier de cette importante publication périodique on annonce (page 447) une table générale qui ne paraît pas avoir été imprimée.

168. **Messager des Sciences historiques de Belgique.** = Tables générales du Messager des Sciences historiques de Belgique, pour les volumes parus de 1823—1830 et de 1833—1853, ensemble vingt-sept volumes. Gand, L. Hebbelynck, 1854; in-8⁰. de 189 pp.

L'introduction est signée des initiales de l'éditeur, L. H. — Le travail est ainsi divisé : 1⁰) Table des matières; 2⁰) Table des planches; 3⁰) Table des collaborateurs. Les recherches y sont très faciles. Un second fascicule serait nécessaire pour les années postérieures à 1853; j'espère qu' on songe à l'entreprendre.

169. **Précis historiques.** = Tables générales des vingt premiers volumes de la Collection des Précis historiques et mélanges religieux, littéraires et scientifiques, [par le P. Baesten, de la Compagnie de Jésus]; années 1852—1872. Bruxelles, A. Vromant, s. d. In-8⁰. de XVI—131 pp.

170. **Relations véritables.** = Cette gazette, fondée par J. Mommaert en 1649 sous le titre de Courrier véritable du Pays-Bas, a changé de nom en 1652, et duré jusqu' en 1791. On y trouve un grand nombre d'annexes très importantes au point de

vue historique; on en trouvera le dépouillement chronologique fort bien fait dans le Catalogue de la bibliothèque des Archives générales du royaume (Bruxelles, Fr. Gobbaerts, 1882), pp. 299—323, in-8⁰.

171. **Revue de Belgique.** == Table générale des douze premières années de la Revue de Belgique (1869—1880). Tomes I à XXXVI. Bruxelles, C. Muquardt, 1882; in-8⁰. de 48 pp.

Comprend: 1⁰) Table analytique des matières; 2⁰) Table analytique des auteurs; 3⁰) Table de concordance. — La Revue de Belgique a succédé à la **Revue Trimestrielle**.

172. **Revue de la numismatique belge.** == Table alphabétique des douze premiers volumes composant les deux premières séries · de la Revue de la Numismatique belge (1842—1856), par M. A. Pinchart. Bruxelles, A. Decq, 1858. In-8⁰. de 111 pp.

Bon travail, commode pour les recherches.

—. == Table alphabétique des douze volumes composant la 3me et la 4me séries de la Revue de la Numismatique belge (1857—1868), par M. A. Pinchart. Bruxelles, Decq, 1872. In-8⁰. de IV, 128 pp.

173. **Revue nationale de Belgique.** == Table générale des matières contenues dans les tomes I—XVII de la Revue nationale de Belgique (1839—1847), publiée dans le tome XVII de cette revue (Bruxelles, A. Decq, 1847), p. 271—278, in-8⁰.

Index général très sommaire. Cf. aussi **Table générale** . . . . de Ern. Van Bruyssel (n⁰. 157). — La publication de la Revue nationale de Belgique ne s' est pas continuée au-delà du 17⁰ volume.

174. **Revue trimestrielle.** == Tables générales de la première série de dix années de la Revue trimestrielle (1854— 1863). S. l. n. d. [Bruxelles, 1863]. In-8⁰. de 68 pp.

Complément du tome XL. — Contient: 1⁰) Table par ordre alphabétique des noms d'auteurs; 2⁰) Table raisonnée par ordre de matières.

—. == Tables générales des vingt derniers volumes formant la seconde série (de 1865 à 1868 inclusivement) de la Revue trimestrielle publiée sous la direction de M. Eugène Van Bemmel. Bruxelles, bureaux de la Revue trimestrielle. In-8⁰, 41 pp.

Complément du tome LX. — Mêmes divisions que dans la table précédente.

175. **Société archéologique de Namur.** == Table des Annales de la Société archéologique de Namur, volumes I—XII, [par H. de Radiguès de Chennevières]. Namur, Ad. Wesmael-Charlier, 1877. In-8⁰. de IV, 406 pp.

Contient: 1⁰) Table alphabétique des matières; — 2⁰) Index des actes, chartes, décrets, documents et ordonnances par ordre chronologique; — 3⁰) Liste des donateurs du Musée.

176. **Société d'émulation pour l'histoire et les antiquités de la Flandre Occidentale.** == Tables générales des Annales de

36

la Société d'Emulation pour l'étude de l'histoire et des antiquités
de la Flandre à Bruges, tomes I à IV de la 1re série, et tomes
I à XIII de la 2me série, par M. F. H. d'Hoop. Bruges, Van de
Casteele-Werbrouck, 1870. In-8f. de 462 pp.

—. = Tables générales des Annales de la Société d'Emulation pour
l'étude de l'histoire et des antiquités de la Flandre à Bruges,
tomes I à X de la 3me série. Bruges, impr. de Zuttere-Van-Kes-
schaver, 1886. In-8⁰. de 372 pp.

Cette publication comprend: 1⁰) la table alphabétique des auteurs; —
2⁰) la table des planches; — 3⁰) la table chronologique des documents publiés; — 4⁰) la table générale des matières et des noms. Cette dernière partie
est extraordinairement détaillée.

177. Société libre d'émulation de Liège. = Table générale des
matières contenues dans les douze volumes de la seconde série
de l'Annuaire de la Société libre d'émulation de Liège (1856—
1867); publié dans l'Annuaire pour 1867 (Liège, T. C. Carmane,
1867), pp. 349—362, in-12⁰.

La première série, pour laquelle il n' y a pas de table, comprend six
volumes parus en 1783—1787 et 1789.

178. Société liégeoise de littérature Wallonne. = Table des
matières contenues dans les publications de la Société liégoise de
littérature Wallonne (1857—1887), [par M. Joseph Dejardin].
Liège, impr. Vaillant-Carmane, 1887; in-8⁰. de 134 pp.

C' est un extrait des Bulletins de cette société, 2me série, tome X
(1887), pp. 13—146. — Bon et utile travail au point de vue philologique
spécialement.

PAYS-BAS.

179. Clef du cabinet des princes de l'Europe. = Cf. Journal
historique de Verdun (n⁰. 63).

La "Clef„ était imprimée à Luxembourg.

180. Institut grand-ducal luxembourgeois. = Le tome XL des
Publications de l'Institut historique du grand-duché de Luxembourg, qui doit paraître dans quelques mois, contiendra la table
des articles parus dans les quarante premiers volumes, ainsi que
veut bien me le dire le secrétaire de cette savante association,
M. le Dr N. van Werveke.

181. Journal des Savants. = Cf. n⁰. 62.

182. Société historique et archéologique dans le duché de
Limbourg. = Répertoire alphabétique des mémoires, notices et
articles qui ont paru dans les vingt premiers volumes des publications de la Société historique et archéologique du Limbourg
(1863—1883), suivi d'une table alphabétique des noms d'auteurs
et des gravures et lithographies publiées. Maëstricht, typ. F. J.
Teelen, 1884; in-8⁰. de 56 pp.

Ce répertoire est fort bien fait. La majeure partie des articles insérés

dans les publications de cette Société (dont quelques-uns d'une réelle valeur)
sont écrits en langue française.

On a eu le soin d'insérer à la fin de la brochure (pp. 51—56) la Table
des matières contenues dans les deux volumes de la Société
historique et archéologique de Maëstricht (1854—1858), ces deux
volumes étant peu connus en dehors des Pays-Bas et formant comme le dé-
but d'une chaîne depuis lors ininterrompue.

SUISSE.

183. Archiv für schweizerische Geschichte. == Inhaltsverzeich-
niss der Bände I—XX des Archives für schweizerische Geschichte,
herausgegeben auf Veranstaltung der allgemeinen geschichtsfor-
schenden Gesellschaft der Schweiz (1843—1875); publié à la fin
du tome XX, pp. 335—349. Zürich, S. Höhr, in-8⁰.

Le titre seul fait voir que ce périodique est en langue allemande;
cependant, comme plusieurs volumes de la collection renferment d'importants mémoires en français, il a paru utile de mentionner l'index ici.

184. Bibliothèque britannique. == Table générale raisonnée des
matières des cinq premières années [1796—1800], soit des trente-
cinq premiers volumes, de la Bibliothèque britannique, dont quinze
de Littérature, quinze de Sciences et Arts, et cinq d'Agriculture,
avec la table des auteurs cités dans le recueil. — Genève, de
l'impr. de la Bibliothèque britannique, an IX (1801. v. st.), in-8⁰.
de 138, 126 et 84 pages.

—. == Même titre pour la Table des 5 années suivantes [1801—1805],
sauf que les mots „premières" et „premiers" sont remplacés par
„dernières" et „derniers". Genève, ibid., 1806, in-8⁰. de 62, 132
et 24 pages.

—. == Même titre qu' à la Table qui précède, pour les années
[1806—1810]. Genève, ibid., 1811, in-8⁰. de 61, 184 et 44
pages.

—. == Même titre qu' aux Tables 2) et 3), pour les années [1811—
1815]. Genève, ibid., 1816, in-8⁰. de 81, 200 et 56 pages.

Ces 4 tables s'appliquent par conséquent aux volumes:
I—XV, XVI—XXX, XXXI—XLV, XLVI—LX de la division Littérature
I—XV, XVI—XXX, XXXI—XLV, XLVI—LX   „   Sciences et arts
I—V, VI—X,   XI—XV,   XVI—XX   „   Agriculture.

185. Bibliothèque universelle. == Table générale raisonnée de
la Bibliothèque universelle [suite de la Bibliothèque britannique],
vol. I à XV. Littérature, [années 1816—1820], avec la table des
auteurs cités dans le recueil. Littérature. Genève, de l'impr. de
la Bibliothèque universelle, en 1821, in-8⁰. de 120 pages.

—. == Table générale raisonnée de la Bibliothèque universelle, vol.
I à XV. Sciences et Arts et I à V Agriculture avec la table des
auteurs cités dans le recueil. Sciences et Arts. Genève, ibid.,
1821, in-8⁰. de 171 et 30 pages.

—. = Même titre, pour les années [1821—1825], „vol. XVI à XXX Littérature". Genéve, ibid., sans date, in-8⁰. de 110 pages. Même titre pour les „vol. XVI à XXX. Sc. et Arts" [et pour les vol. VI—X Agriculture, non mentionnés au titre]. Genève, ibid., sans date, in-8⁰. de 144 et 32 pages.

—. = Même titre, pour les années [1826—1835], „vol. XXX [lisez XXXI] à LX Littérature". Genève, ibid., 1836, in-8⁰. de 86 et XXX pages. Même titre pour les „vol. XXX [lisez XXXI] à LX Sciences et Arts" [1826—1835], [et pour les vol. XI—XIV Agriculture, 1826—1830, non mentionnés au titre]. Genève, ibid., 1836, in-8⁰. de 171, LVIII, 15 et IV pages.

—. = Table des articles divers contenus dans les dix premières années du recueil intitulé Bibliothèque britannique (de 1796 à 1805). Genève, de l'impr. de la Bibliothèque britannique, sans date, in-8⁰. de IV, 29, I, 35 et I, 14 pages.

Cette table, plus abrégée que les précédentes, renvoie à une collection de 70 volumes.

186. **Bibliothèque universelle et revue suisse.** = Table des travaux de la Bibliothèque universelle et revue suisse publiés de janvier 1866 à avril 1870. Lausanne, Georges Bridel, 1870; in-8⁰. de 16 pp.

La table, alphabétique par noms d'auteurs, avec renvoi à la livraison contenant le travail, occupe les pp. 5 à 14 de cette brochure, qui n'est en réalité qu' un prospectus-réclame.

187. **Chrétien évangélique.** = Table des matières des vingt-cinq premières années du Chrétien évangélique, revue religieuse de la Suisse romande, et répertoire alphabétique des auteurs (1858 —1882), par M. Eugène Secretan. Lausanne, Georges Bridel, 1885; in-8⁰. de VIII, 51 pp. à 2 col.

Cet utile répertoire a paru comme annexe au numéro du 20 mai 1885.

188. **Etrennes religieuses.** = Table générale des Etrennes religieuses, par noms d'auteurs, tome I à XXX (1850—1879); publiée à la fin du tome XXX (1879), pp. 317—328. Genève, J. Jullien, in-12⁰.

Je ne sache pas que cet index ait été tiré à part.

189. **Société d'histoire et d'archéologie de Genève.** — Table des seize premiers volumes des Mémoires et documents publiés par la Société d'histoire et d'archéologie de Genève (1852—1867). Genève, J. Jullien, 1867; in-8⁰. de 12 pp.

C'est un index fort écourté. Il n' a paru que comme annexe au tome XVI des dits **Mémoires et Documents**, avec pagination spéciale.

Halle sur Saale, Ehrhardt Karras imprimerie.

www.ingramcontent.com/pod-product-compliance
Lightning Source LLC
LaVergne TN
LVHW010432060726
842526LV00005B/1746